DEUTSCHES INSTITUT FÜR WIRTSCHAFTSFORSCHUNG

gegründet 1925 als INSTITUT FÜR KONJUNKTURFORSCHUNG von Prof. Dr. Ernst Wagemann

1000 Berlin 33 (Dahlem), Königin-Luise-Straße 5

DEUTSCHES INSTITUT FÜR WIRTSCHAFTSFORSCHUNG

BEITRÄGE ZUR STRUKTURFORSCHUNG HEFT 128 · 1992

Kurt Hornschild

Wettbewerbsfähigkeit im zivilen europäischen Großflugzeugbau

DUNCKER & HUMBLOT · BERLIN

Herausgeber: Deutsches Institut für Wirtschaftsforschung, Königin-Luise-Str. 5, D-1000 Berlin 33
Telefon (0 30) 82 99 10 — Telefax (0 30) 82 99 12 00
Schriftleitung: Dr. Oskar de la Chevallerie
Verlag: Duncker & Humblot GmbH, Dietrich-Schäfer-Weg 9, D-1000 Berlin 41.
Druck: 1992 bei ZIPPEL-Druck, Oranienburger Str. 170, D-1000 Berlin 26
Printed in Germany
ISBN 3-428-07404-1

Inhaltsverzeichnis **Seite**

WETTBEWERBSFÄHIGKEIT IM ZIVILEN EUROPÄISCHEN GROSSFLUGZEUGBAU

I Problemstellung und Vorgehensweise

1 Problemstellung

Aufgabe der vorliegenden Untersuchung ist es, einen Problemaufriß über die gegenwärtige Situation der zivilen europäischen Luftfahrtindustrie und deren künftige Wettbewerbsfähigkeit zu geben. Bei der Interpretation der Ergebnisse ist zu berücksichtigen, daß die Untersuchung sich vorwiegend auf den Bereich des zivilen Großflugzeugbaus konzentriert. Diese Einschränkung erscheint gerechtfertigt, weil

- im zivilen Bereich der Großflugzeugbau dominiert und
- eine Ausdehnung auf den Regionalflugzeugbau (Commuter) eine tiefergehende Analyse der Luftfahrtindustrie auf nationaler Ebene erforderlich gemacht hätte.

Eine Einengung ergibt sich ferner daraus, daß die hier relevanten Unternehmen in der Regel neben dem zivilen Verkehrsflugzeugbau auch in der Raumfahrt und im militärischen Bereich engagiert sind. Zwar wird - soweit unter den vorgegebenen Rahmenbedingungen möglich - auf das Zusammenspiel dieser drei Bereiche und die wettbewerblichen Konsequenzen eingegangen, doch fehlt den diesbezüglich gemachten Aussagen die tiefergehende empirische Fundierung. Dazu wären koordinierte Analysen der europäischen sowie ausgewählter außereuropäischer Luft- und Raumfahrtindustrien auf der Basis von Länderstudien erforderlich.

Für die Beurteilung der Wettbewerbsfähigkeit einer Branche oder eines Unternehmens gibt es bislang in der Wissenschaft keine allgemein akzeptierten Konzepte. Dies ist vor allem darauf zurückzuführen, daß

- Wettbewerbsfähigkeit keine exakt definierte Größe ist und ihre Messung einen zukunftsorientierten Untersuchungsansatz erforderlich macht, und die
- bestimmenden Variablen in starkem Maße von dem Typ der Branche, den Unternehmen sowie von der Marktkonstellation als auch Marktsituation abhängig sind.

Bei den zur Beurteilung der Wettbewerbsfähigkeit allgemein verwendeten Indikatoren ist zu differenzieren in

- die Vergangenheit beschreibende Indikatoren (ex post Indikatoren) wie Gewinnentwicklung, Entwicklung von Marktanteilen und Produktivität;
- die künftige Entwicklung stärker einbeziehende Indikatoren (ex ante Indikatoren) wie FuE-Aufwendungen, Investitionen, Prototypen, Produktplanungen, Patente, Lizenzen.

Die ex ante Indikatoren verweisen auf Zusammenhänge zwischen Kosten, die in der Vergangenheit in die Unternehmensrechnung eingegangen sind, deren Erträge/Wirkungen aber erst zu einem späteren Zeitpunkt eintreten. Die Entwicklung der Beschäftigung kann - je nach den Rahmenbedingungen und der Beschäftigungspolitik der Marktteilnehmer - entweder einen stärkeren ex ante- oder stärkeren ex post-bezogenen Erklärungswert haben.

2 Vorgehensweise

Eine Analyse der Wettbewerbsfähigkeit der europäischen zivilen Luftfahrtindustrie erfordert zunächst, die bisherige Entwicklung und das gegenwärtige Situationsbild zu beschreiben. Dazu gehört eine Darstellung des Angebots, der Anbieter und der Nachfrage. Aus Marktentwicklung und Marktkonstellation lassen sich unter Einbeziehung der Spezifika des Produkts "Großverkehrsflugzeug" die Rahmenbedingungen für den Wettbewerb auf diesem Markt herleiten und Einflußvariablen der Wettbewerbsfähigkeit bestimmen.

Zunehmende Marktanteile gelten allgemein als Indikator für verbesserte Wettbewerbsfähigkeit. Werden diese aber in einer Zeit völliger Produktionsauslastung der Anbieter erzielt, dann kann eine solche Entwicklung nur bedingt zur Interpretation der Wettbewerbsfähigkeit herangezogen werden, da in der Situation des Nachfrageüberhangs auch wettbewerbsschwache Anbieter zum Zuge kommen.

Die Aussagen zur künftigen Wettbewerbsfähigkeit der zivilen europäischen Luftfahrtindustrie und den notwendig erscheinenden Anpassungsmaßnahmen ergeben sich aus der Analyse

- der erwarteten Nachfrageentwicklung hinsichtlich Niveau und Struktur;
- des möglichen Verhaltens der Marktteilnehmer, das sowohl wettbewerbstheoretisch als auch aus der spezifischen Marktkonstellation hergeleitet wird;
- der gegenwärtig geplanten bzw. diskutierten Maßnahmen von Industrie und Politik.

Für die Untersuchung ausgewertet wurden Sekundärinformationen wie Marktprognosen und andere Veröffentlichungen aus Industrie, Wirtschaft und Politik. Eine Analyse der Wettbewerbsfähigkeit eines Industriezweigs ist aber auch auf originäre Informationen angewiesen. Befragt worden sind Repräsentanten von Industrie, industrienahen Organisationen, Politik sowie von Fluggesellschaften. Aufgrund der großen Zahl von Fluggesellschaften ist auf der Nachfrageseite eine Befragung nach dem Konzept "Fallstudie mit Kontrollgruppe" aufschlußreich. Zur Kontrollgruppe würden Fluggesellschaften gehören, die keine europäischen Großverkehrsflugzeuge einsetzen, bzw. geordert haben. Doch eine konsequente Durchführung dieses Ansatzes wäre zu zeit- und kostenaufwendig gewesen.

Im Rahmen der vorliegenden Untersuchung sind zwei europäische und eine asiatische Fluggesellschaft nach den bei der Anschaffung von Großflugzeugen relevanten Kriterien sowie ihren Erfahrungen mit Flugzeugen unterschiedlicher Herkunft befragt worden.

II Die Luft- und Raumfahrtindustrie im Überblick

1 Zivile Luftfahrtindustrie, ein Teilbereich der Luft- und Raumfahrtindustrie

Zur Luft- und Raumfahrtindustrie rechnen der zivile und militärische Flugzeugbau sowie die Raumfahrt. Bevor auf das eigentliche Thema eingegangen wird, soll zunächst ein Überblick über die wichtigsten Struktur- und Entwicklungsmerkmale der gesamten Branche gegeben werden. Dies erscheint notwendig, da zwischen zivilem und militärischem Flugzeugbau sowie der Raumfahrt zahlreiche Verbindungen bestehen, die eine völlig isolierte Betrachtung nur eines der drei Bereiche kaum zulassen. Die Verbindungen sind

- organisatorischer Natur: Die meisten größeren Unternehmen sind auf allen drei Feldern tätig.
- durch die Technik begründet: Die in den einzelnen Bereichen zu lösenden technischen Fragestellungen sind teilweise ähnlich. So dürften bei der Entwicklung eines militärischen Transportflugzeugs eine Reihe technischer Probleme gelöst werden, die direkt im zivilen Flugzeugbau Verwendung finden. Militärische Vorhaben können die Basis liefern für spätere Problemlösungen im Zivilbereich und umgekehrt. Der Bau eines Jagdflugzeugs wie etwa der European Fighter Aircraft "EFA" wurde u.a. auch deshalb von der Industrie gefordert. Mit diesem Projekt sollte die technologische Basis der beteiligten Länder im Bereich der Luftfahrt verbessert werden. Aber auch für die Raumfahrt werden Effekte vor allem in der Materialtechnik oder der Steuertechnik erwartet. An dieser Stelle soll aber bereits angemerkt werden, daß es hinsichtlich der technologischen Verzahnung der drei Bereiche auch skeptische Stimmen gibt; die Synergien seien wesentlich geringer als vielfach behauptet[1].
- politisch gefördert: Über militärische Nachfrage und Entwicklungsaufträge versuchen Regierungen indirekt auch den zivilen Sektor zu stärken. In der Bundesrepublik Deutschland diente die Aufnahme militärischer Flugzeugproduktion als Basis für den Wiederaufbau einer zivilen Flugzeugindustrie. Ebenso

[1] Vgl. dazu Hornschild, K., Neckermann, G.: Die deutsche Luft- und Raumfahrtindustrie S. 125 ff.

ist nicht auszuschließen, daß beim Flugzeugkauf der staatseigenen Fluggesellschaften gleichzeitig mit den Regierungen auch über militärische Beschaffungen verhandelt wird.

Heute besteht in der Industrie weitgehend Konsens darüber, daß erst die Vereinigung der drei Geschäftsfelder Luftfahrt, Raumfahrt, Verteidigungstechnik in einem Unternehmen die Voraussetzung für eine wirtschaftliche Umsetzung der technischen Entwicklungen schafft. Aus diesem Grund sind weltweit alle größeren Unternehmen der Luft- und Raumfahrtindustrie in mehreren Geschäftsfeldern tätig (vgl. Abbildung II,1/1).

Im zivilen Bereich der Branche werden allgemein fünf Produktgruppen unterschieden:

- zivile Großflugzeuge;
- Commuterflugzeuge (kleine Transportflugzeuge für regionale Verbindungen);
- Hubschrauber;
- Flugzeugmotoren;
- Raumfahrteinrichtungen (Trägerraketen und Satelliten).

In technischer Hinsicht gliedert sich die Produktion der Branche traditionell in vier große Teile:

- tragende Flugzeugteile,
- Motoren,
- Geräte,
- Raumfahrteinrichtungen[2]

[2] Panorama der EG-Industrie, NACE 364, S. 13ff.

Abb. II, 1/1

Geschäftsfelder von Systemfirmen der Luft- und Raumfahrtindustrie

	Milit. Flugzeuge	Zivile Flugzeuge	Hub-schrauber	Verteidigungs-technik	Raum-fahrt
UTC			●	●	●
Boeing	●	●	●	●	●
McDonnell Douglas	●	●	●	●	●
Lockheed	●	●		●	●
Aérospatiale, Dassault[1)]	●	●	●	●	●
British Aerospace	●	●		●	●
Aeritalia[2)]	●	●		●	●
DASA	●	●	●	●	●

1) Eine Fusion von Aérospatiale und Dassault wird zur Zeit diskutiert.- 2) Seit 1990 durch die Fusion von Selenia und Aeritalia: Alenia.

Quelle: Dornier.

Heute wird das jährliche Produktionsvolumen in der Luft- und Raumfahrtindustrie der westlichen Industrieländer auf 150 Mrd. US $ geschätzt[3]. Auf der Basis des US $ zu Preisen von 1982 errechnet sich für den Zeitraum 1970 bis 1987 ein Wachstum von annähernd 90 vH (vgl. Abbildung II, 1/2).

Abb. II, 1/2

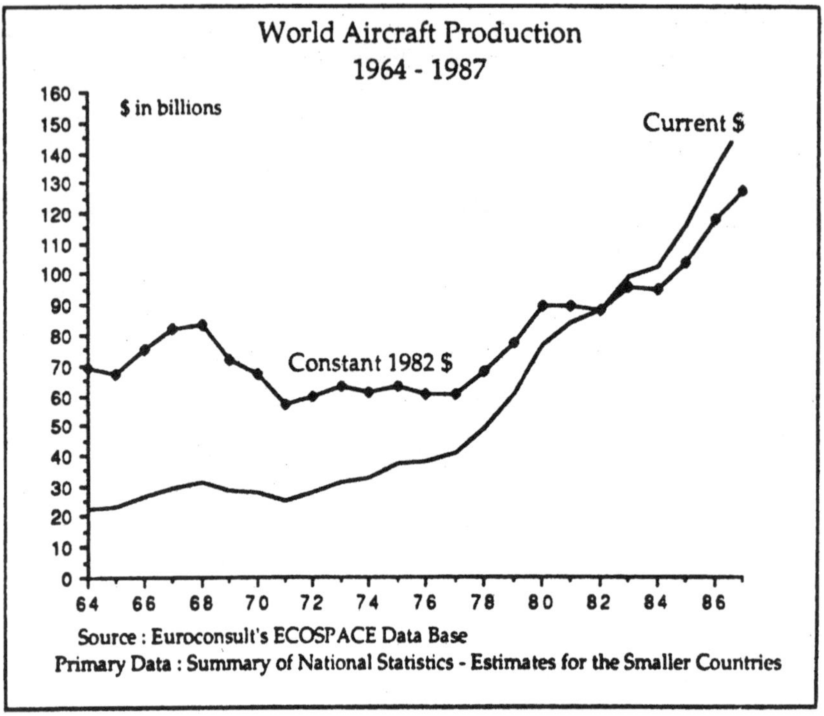

Quelle: Competitiveness of the European Civilian Aircraft Manufacturing Industry, Euroconsult, April 1989.

---

[3] Euroconsult S. 1

Die Analyse nach der Entwicklung der Bereiche zivile, militärische Luftfahrt und Raumfahrt sowie nach den Herstellerländern zeigt, daß dem Gesamtwachstum unterschiedliche Entwicklungen zugrunde liegen und die Perspektiven verschieden sind. Der militärische Flugzeugbau hat mit etwa 55 vH den größten Anteil an der Produktion des Gesamtbereiches. Seine Bedeutung ging aber zugunsten des zivilen Flugzeugbaus zurück, dessen Anteil etwa 30 vH beträgt; auf die Raumfahrt entfallen 15 vH. Setzt sich der gegenwärtige politische Prozeß der Entspannung weiter fort, dann wird die von den Budgetansätzen der öffentlichen Haushalte abhängige Nachfrage nach Militärflugzeugen langfristig zurückgehen.

Schwer zu prognostizieren ist die Entwicklung der Raumfahrt. Der rasche Aufschwung im Zusammenhang mit der Mondlandung hielt nicht an; der Produktionsanteil hat danach wieder abgenommen. Abgesehen von dem Aufbau von Kommunikationssystemen sind - gemessen an der Gesamtproduktion - zivile Anwendungen von relativ geringer Bedeutung. Das künftige weltweite Engagement in der Raumfahrt dürfte vor allem abhängig sein von

- der Entwicklung des Entspannungsprozesses. Weitere Fortschritte reduzieren den militärischen Bedarf, doch ist denkbar, daß ein Teil dieses Nachfrageausfalls über ein verstärktes Engagement im Weltraum kompensiert wird. Möglichc Aktivitäten sind dem Umweltschutz dienende Überwachungssysteme oder der forcierte Aufbau von Raumstationen.
- der technologischen Bedeutung, die diesem Bereich in Zukunft beigemessen wird, und zwar einmal über die Entwicklung der Raumfahrttechnik selbst, zum anderen über die durch die Raumfahrt als Transport- und Infrastruktursystem neu entstehenden technischen und wirtschaftlichen Nutzungsmöglichkeiten.
- dem Ausgabenspielraum in den öffentlichen Haushalten.

Änderungen der öffentlichen Nachfrage vollziehen sich meist langsamer als dies bei marktwirtschaftlichen, konjunkturreagiblen Bereichen der Fall ist. Dies zeigt sich sehr deutlich bei der Luft- und Raumfahrtindustrie. Während sich der militärische Bereich und die Raumfahrt relativ kontinuierlich entwickelt haben, war die zivile Luftfahrtindustrie größeren konjunkturellen Schwankungen ausgesetzt (vgl. Abbildung II, 1/3). Damit hatte die öffentliche Nachfrage neben der Bedeutung für technologische Entwicklung und Wettbewerbsfähigkeit auch die Funktion des Konjunkturstabilisators.

Abb. II, 1/3

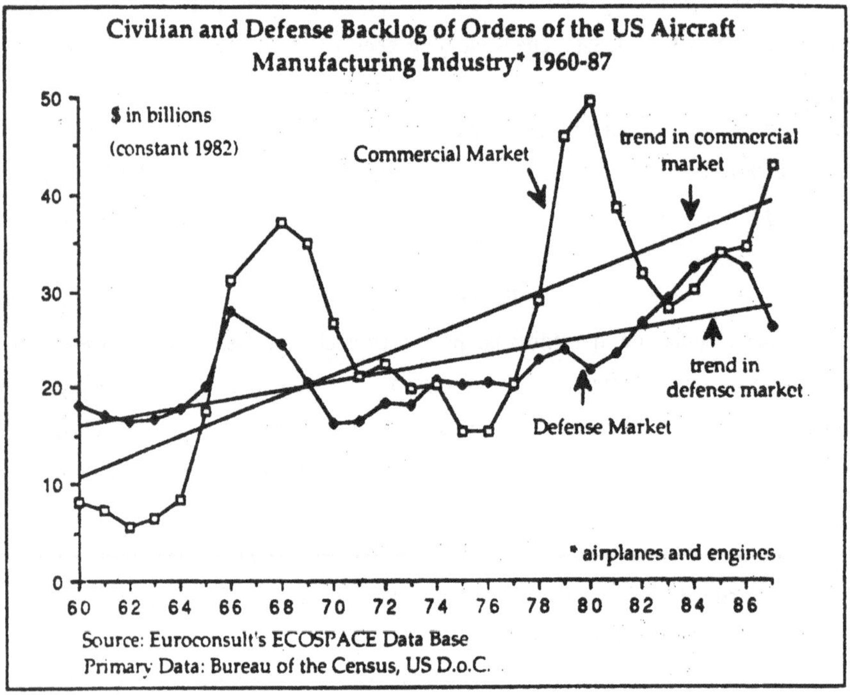

Quelle: Competitiveness of the European Civilian Aircraft Manufacturing Industry, Euroconsult, April 1989.

Die nachfragebestimmenden Rahmenbedingungen der drei Bereiche sind sehr verschieden:

- Im militärischen Bereich dominieren politische und technische Aspekte vor ökonomischen Faktoren.
- In der Raumfahrt entscheiden neben den politischen Rahmenbedingungen technologische und wirtschaftliche Aspekte.
- In der zivilen Luftfahrt dominieren allgemein die ökonomischen Einflüsse vor den technischen und politischen. Diese Rangfolge verändern gravierende technische Neuentwicklungen wie das Düsenflugzeug. Aber auch der Einfluß der Politik auf

die Nachfrage nach Flugtransportleistungen und Flugzeugen darf nicht unterschätzt werden. Die Politik setzt die wesentlichen Rahmenbedingungen für den Flugverkehr. Nachtflugverbote und andere die Umwelt betreffende Auflagen tangieren die Nachfrageentwicklung ebenso wie die Gestaltung der Flugsicherungssysteme sowie die Flughafenkapazitäten. Änderungen in den Rahmenbedingungen wie Lärmschutzauflagen können neue Anforderungen an die Technik stellen und zum beschleunigten Austausch alter Flugzeuge führen. Vergleichbare Reaktionen gehen von hohen Treibstoffpreisen aus.

Die Luft- und Raumfahrtindustrie ist vorwiegend in den USA konzentriert.
Der große Binnenmarkt, das nur relativ wenig ausgebaute Eisenbahnnetz und die weit voneinander entfernt liegenden Ballungszentren begünstigten die Entwicklung ebenso wie der riesige Verteidigungshaushalt. Traditionell versuchten die industriell entwickelten Länder bei ihrem Bedarf an militärischen Gütern weitgehend autark zu sein. Die USA haben den mit Abstand größten Eigenbedarf an Militärflugzeugen in der westlichen Welt und sind in ihrer militärischen Führungsrolle ebenso der mit Abstand größte Produzent von Militärflugzeugen.

Wie die Tabelle II, 1/1 zeigt, hat die amerikanische Luft- und Raumfahrtindustrie seit 1960 Produktionsanteile an Europa und in letzter Zeit verstärkt auch an Länder außerhalb Europas abgegeben. Eine abnehmende Dominanz der USA im Bereich der Luft- und Raumfahrtproduktion ist daraus unmittelbar aber nicht abzuleiten. Gründe für die Anteilsverschiebungen können Lizenzproduktionen und Zulieferungen sein. Nur bedingt sind andere Länder mit eigenständigen und konkurrenzfähigen Produkten stärker geworden.

Tabelle II, 1/1

Changes in the Geographical Breakdown of World Aerospace Production from 1960 to 1987
- in % -

	1960	1964	1968	1972	1976	1978	1980	1982	1984	1986	1987
United States[1]	86.0	82.0	83.0	74.0	67.0	64.0	59.6	63.7	68.0	64.8	62.4
Europe	11.0	14.0	12.0	20.0	25.0	27.0	31.2	26.5	21.3	24.4	27.0
including											
France	2.6	3.7	4.0	6.2	11.3	11.2	10.8	8.8	7.6	8.0	8.2
Great Britain	7.8	7.4	6.0	8.7	9.4	10.6	11.9	9.6	7.6	7.9	9.6
West Germany	0.5	1.3	1.3	3.7	4.1	4.7	4.8	4.5	3.4	4.6	5.0
Rest of World[2]	3.0	4.0	5.0	6.0	8.0	9.0	9.0	9.8	10.4	10.8	10.6
including											
Canada	2.0	2.3	2.2	2.4	2.3	2.0	2.4	2.5	2.1	2.3	2.6
Japan	0.5	0.6	0.8	1.6	3.0	3.8	2.3	2.8	2.8	3.5	3.9
Total	100.0	100.0	100.0	100.0	100.0	100.0	100.0	100.0	100.0	100.0	100.0
in current $ billions	18.4	23.1	31.7	27.4	36.3	48.4	77.0	88.4	103.0	135.0	151.0
in constant 1982 $ billions	59.5	70.2	84.0	58.9	57.5	67.0	89.8	88.4	95.3	117.8	127.5

1) Excluding related products and services.- 2) Consolidated production value.- 3) Excluding China, the Soviet Union and the COMECON countries.

Sources: Euroconsult's ECOSPACE Data Base; Industrial statistics from the different countries.

2 Europäische Luft- und Raumfahrtindustrie im Überblick

Die europäische Luft- und Raumfahrtindustrie nimmt hinter den Vereinigten Staaten, jedoch weit vor Japan in der westlichen Welt den zweiten Platz ein. Sie erwirtschaftete 1988 einen Umsatz von 39 Mrd. ECU. Nach Abzug der zwischen den Luft- und Raumfahrtfirmen der EG getätigten Verkäufe verbleibt ein konsolidierter Umsatz des Sektors von 31,6 Mrd. ECU. Innerhalb von zehn Jahren hat die Produktion der Branche (zu Preisen von 1985) um 77,5 % und damit rascher als in den Vereinigten Staaten (62,6 %) zugenommen (vgl. Tabelle II, 2/1).

Tabelle II, 2/1

Umsatz und Beschäftigung in der Luft- und Raumfahrtindustrie

	Umsatz						Beschäftigte	
	konsolidiert, nominal		zu Preisen von 1985		reale Veränderung zum Vorjahr			
	EG	USA	EG	USA	EG	USA	EG	USA
	in Mrd. ECU				in %		in 1000	
1978	9.2	24.5	16.5	70.1	--	--	.	720
1979	10.6	28.0	16.8	78.3	1.9	11.6	424	842
1980	14.1	34.0	19.4	86.9	15.5	11.0	472	902
1981	16.7	49.1	20.6	89.3	6.7	2.8	500	900
1982	18.4	59.9	21.3	86.4	3.5	3.1	483	831
1983	19.3	72.0	21.4	89.9	0.8	4.0	482	830
1984	21.5	84.2	22.7	86.0	6.2	4.4	465	850
1985	24.7	103.3	24.7	103.3	8.5	20.2	481	939
1986	27.5	86.5	27.3	100.7	10.3	5.2	488	967
1987	29.3	77.7	28.8	114.8	5.7	5.6	492	992
1988	31.6	77.9	29.3	114.0	1.6	0.7	502	975
1978-88					5.9	5.0		

Quelle: EG - DG III.

Ein Blick auf die Beschäftigungsentwicklung in der europäischen Luft- und Raumfahrtindustrie zeigt, daß Ende der 70er Jahre die Beschäftigung zunächst stark expandierte, dann bis 1985 kontinuierlich zurückging und seitdem wieder steigt. Im Jahre 1988 wurde mit 502 000 Beschäftigten der im Jahre 1981 erreichte Höchststand von 500 000 Beschäftigten bereits leicht übertroffen. Gleichgerichtet verlief die Beschäftigenentwicklung in den Vereinigten Staaten, wenngleich bei insgesamt etwas größeren Ausschlägen. Das Produktivitätsniveau ist in den USA immer noch wesentlich höher: Während in Europa im Jahre 1988 je Beschäftigten ein durchschnittlicher Umsatz von 58 000 ECU (zu Preisen von 1985) erzielt wurde, war der Betrag in den USA mit 117 000 ECU praktisch doppelt so hoch. Doch der Abstand ist kleiner geworden.

Die relative Bedeutung der Luft- und Raumfahrtindustrie hat in Europa kontinuierlich zugenommen. Betrug ihr Anteil am Bruttoinlandsprodukt (BIP) im Jahre 1972 erst 0,6 % lag er im Jahre 1987 bereits bei 1 %. In den USA betrug der entsprechende Anteil 2,1 %, in Japan 0,25 %.

Die technologische Ausstrahlung, die von der Luft- und Raumfahrtindustrie auf die übrigen Wirtschaftsbereiche ausgehen kann, hat ihre Begründung in den sehr hohen FuE-Aufwendungen dieser Branche:

- Auf FuE entfallen 15 % des gesamten Umsatzes, eine ähnlich hohe Relation hat kein anderer Industriezweig;
- Die europäische Luft- und Raumfahrtindustrie liegt mit 13,8 % der Gesamtausgaben für industrielle FuE an dritter Stelle hinter der Elektro- und Elektronikindustrie sowie der chemischen Industrie.[4]

Während des Zeitraums 1980 bis 1987 haben sich innerhalb der Branche deutliche Produktionsverschiebungen ergeben:

- Kontinuierlich zurückgegangen ist die Bedeutung der tragenden Flugzeugteile, und zwar von 54 % Produktionsanteil im Jahre 1980 auf 46,3 % im Jahre 1987.
- Bei den Motoren nahm der Anteil von 19,6 % auf 17,8 % ab.

---

[4] Eine wettbewerbsfähige europäische Luftfahrtindustrie: Mitteilung der Kommssion 1990, Auszug S. 14.

- Zugenommen hat die Bedeutung des Gerätebaus, und zwar vor allem wegen der stärkeren Bedeutung der Elektronik. 1980 betrug der Produktionsanteil bei Geräten 23 %, 1987 bereits 29,7 %.
- Die Zunahme des Produktionsanteils der Raumfahrtproduktion von 3,1 % auf 6,1 % ist vorwiegend auf die Trägerrakete Ariane und die Nutzsatelliten zurückzuführen.[5]

Tabelle II, 2/2 gibt einen Überblick der Entwicklung nach den Produktbereichen Rahmen, Triebwerk, Ausstattung, Raumfahrt und nach den beiden Verwendungsbereichen militär und zivil.

Tabelle II, 2/2

Produktion der europäischen Luft- und Raumfahrtindustrie nach Produkt- und Verwendungsbereichen[1]
- in Mill. ECU -

	1980	1981	1982	1983	1984	1985	1986	1987	1988
Produktbereiche									
Rahmen	11043	13589	15386	16295	17218	18177	18712	19480	.
Triebwerke	3998	5028	5642	5249	5829	6649	7181	7470	.
Ausstattung	4710	6017	6346	7504	8195	8704	11871	12470	.
Raumfahrt	643	775	1046	1132	1310	1922	2186	2580	.
Verwendungsbereiche									
Militär	14276	17834	19871	20371	22170	23562	25210	26300	.
Zivil	6118	7575	8548	9808	10382	11890	14740	15700	.
Insgesamt	20394	25409	28419	30179	32552	35452	39950	42000	46000
davon:									
zivil in %	30.0	29.8	30.1	32.5	31.9	33.5	36.9	37.4	.

1) Nicht konsolidierte Produktion.

Quelle: Panorama der EG-Industrie 1990, Euroconsult.

[5] Luft- und Raumfahrtindustrie; NACE 364.

Innerhalb Europas konzentriert sich die Luft- und Raumfahrtproduktion auf vier Länder: Großbritannien, Frankreich, Deutschland und Italien. Daneben sind als in diesem Bereich engagierte Länder die Niederlande, Belgien und Spanien zu nennen. Die Analyse der Länderanteile in Zeitraum 1978 bis 1988 zeigt vor allem eine starke Zunahme der Bundesrepublik Deutschland von 15 % auf 25 %. Gleichzeitig nahmen die Anteile Frankreichs um 9 %-Punkte auf jetzt 31 % und Großbritanniens um 3 %-Punkte auf jetzt ebenfalls 31 % ab. Merklich gestiegen - von 6 auf 9 % - ist auch der italienische Anteil (vgl. Tabelle II, 2/3).

Tabelle II, 2/3

Länderanteile an den Umsätzen der europäischen Luft- und Raumfahrtindustrie
- EG = 100 -

	1978	1979	1980	1981	1982	1983	1984	1985	1986	1987	1988
Belgien	1	2	2	2	2	1	1	1	1	1	1
Deutschland	15	20	17	16	18	18	17	18	25	24	25
Spanien	1	1	1	1	2	1	1	1	1	1	2
Frankreich	40	38	36	35	35	36	36	35	33	31	31
Italien	6	7	6	7	8	9	9	9	9	9	9
Niederlande	2	2	2	2	2	2	2	2	2	1	2
Großbritannien	34	31	38	38	36	33	34	34	31	33	31
EG	100	100	100	100	100	100	100	100	100	100	100

Quelle: EG - DG III.

III Der Markt für zivile Großflugzeuge

1 Nachfrage

1.1 Anhaltend wachsende Nachfrage nach Lufttransportleistungen

Gegenwärtig gehen die Hersteller von Verkehrsflugzeugen wie auch die befragten Airlines von hohen Zuwachsraten im Luftverkehr aus. Die Prognosen für das Luftverkehrs- und Transportaufkommen unterscheiden sich nur unwesentlich. In den neunziger Jahren wird allgemein mit Zuwachsraten der Passagierkilometer von durchschnittlich etwa 6 % gerechnet. Im Luftwarentransport liegt das erwartete durchschnittliche Wachstum sogar noch um 1 %-Punkt höher. Gegen Ende der 90er Jahre wird eine Abflachung auf Wachstumsraten von etwa 4 % erwartet. Der Optimismus der Nachfrageentwicklung nach Flugtransportleistungen basiert auf den hohen Zuwachsraten in den 80er Jahren sowie den Flugzeugbestellungen der Airlines.[6]

Seit 1982 hat die Weltwirtschaft ungebrochen expandiert. Auch für die nahe Zukunft gibt es keine Anzeichen für einen gravierenden konjunkturellen Einbruch. Die Bedingungen für den Luftreiseverkehr haben sich insofern verbessert, als

- die realen Flugpreise (airline fares) zurückgegangen sind und
- Deregulierungen zu mehr Wettbewerb beigetragen haben.

[6] Verwendete Prognosen:
MBB Transport Aircraft Group: World Market Forecast 1989 - 2008.
McDonnell Douglas: World Economic and Traffic Outlook 1989.
Clarkson, L.M.: Market Outlook. In: Jahrbuch 1989 I der Deutschen Gesellschaft für Luft- und Raumfahrt e.V. (DGLR). S. 1 ff.
Airbus Industrie: Forecasting traffic and capacity growth in Europe. September 1989.
Euroconsult EC: Competitiveness of the European Civilian Aircraft Manufacturing Industry. Executive Summary, April 1989.
Boeing: Current Market Outlook.

Dies hat mit dazu geführt, daß die Zahl der Luftpassagierkilometer im Zeitraum von 1982 bis 1988 um durchschnittlich jährlich 7,4 % stieg. Gegenüber dieser Entwicklung bedeutet das für die nächste Dekade prognostizierte Flugtransportaufkommen eine Wachstumsabschwächung (vgl. Abbildung III, 1.1/1).

Abb. III, 1.1/1

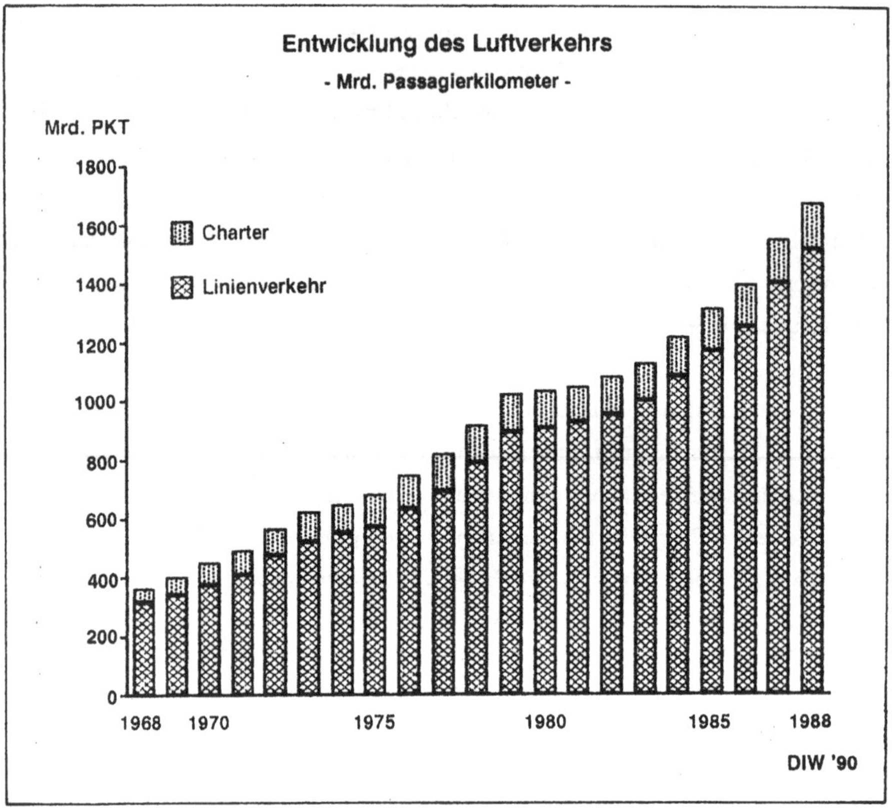

Quellen: World Market Forecast 1989 - 2008, MBB, 1989; DIW.

Wie sehr Prognosen von der jeweiligen Ausgangssituation geprägt sind, läßt sich unter anderem daran erkennen, daß sowohl die Fluggesellschaften als auch die Hersteller von der Wachstumsdynamik des Flugverkehrsaufkommens überrascht wurden. Die noch zu Beginn der achtziger Jahre eher skeptischen Zukunftserwartungen sind inzwischen durch Szenarien ersetzt worden, die allesamt von einer großen und lang anhaltenden Nachfrage nach zivilen Verkehrsflugzeugen ausgehen. Die Skepsis der Fluggesellschaften gegenüber der langfristigen Entwicklung zeigte sich besonders in der Zeit von 1978 bis 1983 (vgl. Abbildung III, 1.1/2). Damals reagierten sie auf die sehr verhaltene Nachfrage nach Flugtransportleistungen in der zweiten Hälfte der siebziger Jahre mit stark rückläufigen Bestellungen neuer Flugzeuge.

Abb. III, 1.1/2

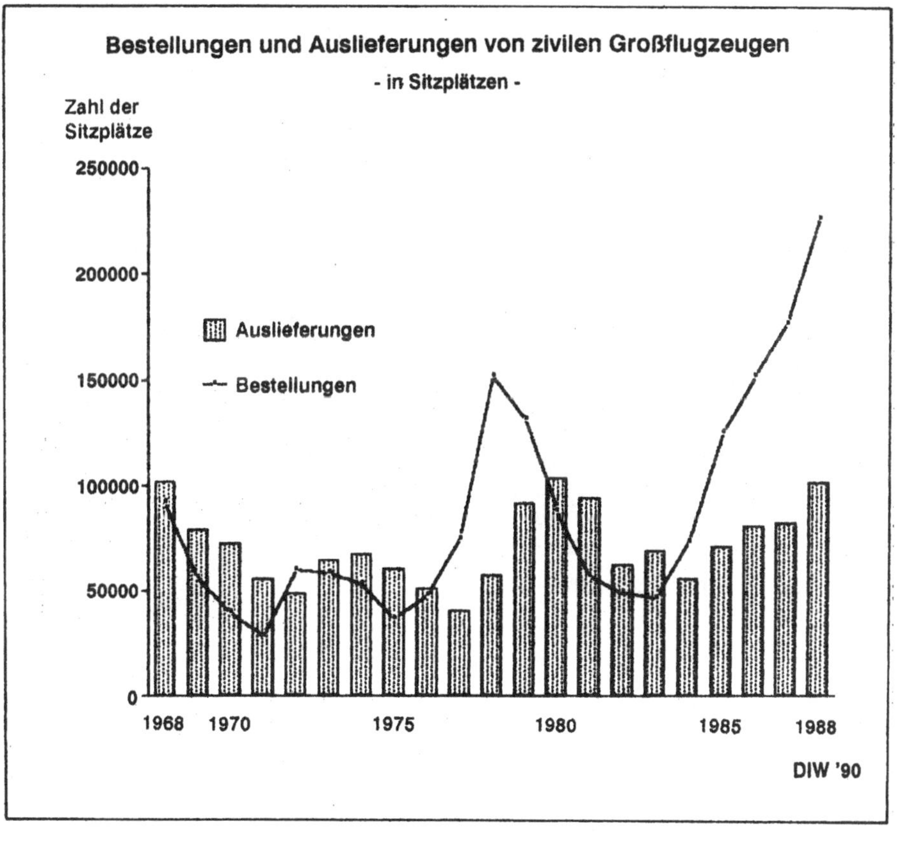

Quellen: Competitiveness of the European Civilian Aircraft Manufacturing Industry, Euroconsult, April 1989; DIW.

Den heute vorliegenden Szenarien für die Entwicklung des Lufttransportaufkommens bis zum Jahr 2005 bzw. 2006 liegen im wesentlichen drei Annahmen zugrunde:

- Die Weltwirtschaft wird im Prognosezeitraum weiter wachsen und von größeren Konjunktureinbrüchen verschont bleiben.
- Wirtschaftswachstum und Nachfrage nach Flugtransportleistungen sind positiv korreliert, bei einer Elastizität von größer eins.
- Die operating costs der Fluggesellschaften werden sich so entwickeln, daß ein weiteres Sinken der relativen Flugpreise erwartet werden kann.

Den Prognosen von Herstellern und Fluggesellschaften soll hier keine weitere hinzugefügt werden. Wichtiger ist, sich der Prognoserisiken bewußt zu sein. Neben den Unwägbarkeiten in den Entwicklungen von Weltwirtschaft, Ölpreis und politischen Rahmenbedingungen - um nur einige zu nennen - ist auf sich bereits abzeichnende Engpässe in der dem Flugverkehr dienenden Infrastruktur sowie auf die Umweltproblematik zu verweisen. Wie eng die Entwicklungen von Weltwirtschaft und Lufttransport miteinander korrelieren, veranschaulicht Abbildung III, 1.1/3. Inwieweit Engpässe im Luftraum und auf den Flughäfen bzw. Reglementierungen des Flugverkehrs aus Umweltgründen das künftige Wachstum des Luftverkehrs beeinträchtigen, und ob solche Hemmnisse in den Szenarien entsprechend berücksichtigt wurden, kann hier nicht fundiert beurteilt werden.

Für Experten noch am leichtesten dürften Kapazitätsengpässe in der Luft und auf den Flughäfen einzuschätzen sein. Sie werden den Prognosen zufolge dadurch verringert, daß die durchschnittliche Transportleistung der Flugzeuge zunimmt und die Kapazität des Luftraums durch besser abgestimmte Flugsicherungssysteme erhöht wird. Die Analyse der Engpaßsituation darf sich aber nicht auf die reinen Flugbewegungen beschränken, sondern hat die Abfertigungskapazitäten auf den Flughäfen sowie die die Flughäfen umgebende Verkehrsinfrastruktur einzubeziehen.

Abb. III, 1.1/3

Entwicklung von Passagierkilometern und Sozialprodukt der Industrieländer

- Veränderung in vH zum Vorjahr -

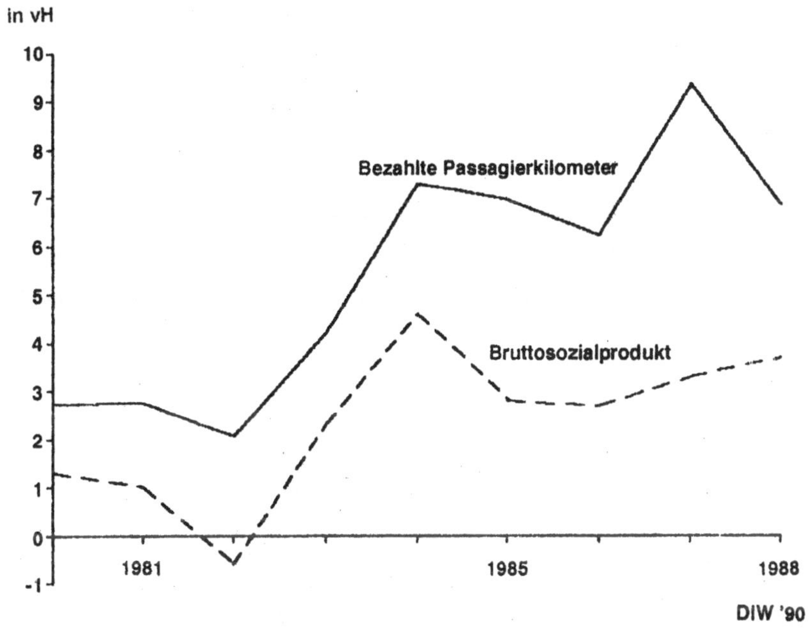

Quellen: World Development Report, The International Bank for Reconstruction and Development / The World Bank, verschiedene Jahrgänge; Statistik und Information, Lufthansa, verschiedene Jahrgänge; DIW.

1.2 Unterschiedliche Entwicklungen nach Regionen

In den Szenarien weitgehend berücksichtigt werden unterschiedliche Entwicklungen in den einzelnen Wirtschaftsgroßräumen. Veränderungen in der Struktur der regionalen Nachfrage nach Flugverkehrsleistungen ist u.a. ein wesentlicher Faktor für die Art des zukünftig benötigten Flugzeugs (Kurz-, Mittel-, Langstreckenflugzeug). Da außerdem der Kauf von Flugzeugen neben den wirtschaftlichen Aspekten zumindest teilweise politischem Einfluß unterliegt, ist die Entwicklung des Weltluftverkehrs nach Regionen ein Faktor für die Absatzchancen der jeweiligen Flugzeughersteller.

Der Markt mit den größten Passagierkilometern ist mit Abstand die USA, gefolgt von Europa und Asien. Generell wird erwartet, daß der Anteil der USA kontinuierlich zurückgeht, derjenige Europas - vorwiegend aufgrund der Auswirkungen der Deregulierung - leicht und der des asiatisch/pazifischen Raums stark zunimmt. Allerdings werden auch am Ende des Prognosezeitraumes 2006 die USA mit gut 40 % der dominierende Luftraum bleiben (vgl. Abbildung III, 1.2/1).

Abb. III, 1.2/1

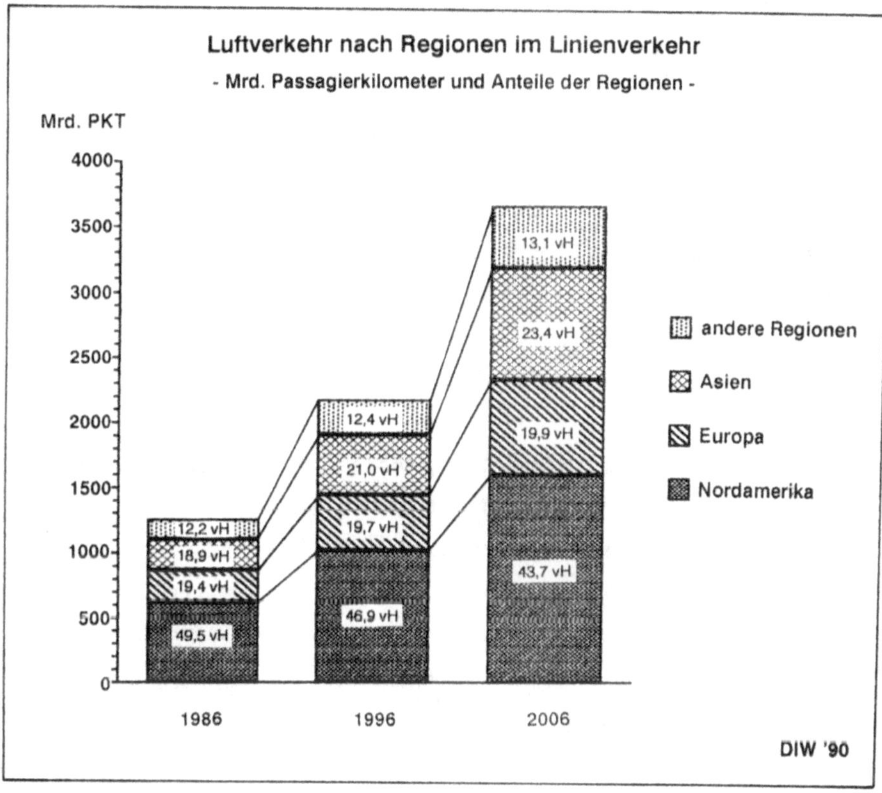

Quellen: Aircraft size requirements 1988 - 2000, Airbus Industrie, April 1989; DIW.

1.3 Die Nachfrage nach Flugzeugen

Die starken Zunahmen im Luftreiseverkehr sowie die Erwartungen, daß dieser Trend sich auch längerfristig fortsetzen wird, haben zu einer starken Nachfrage nach erhöhter Transportkapazität geführt. Zusätzlich belebt wurde die Nachfrage nach neuen Flugzeugen durch die Deregulierung des Luftverkehrs in den USA und die bevorstehende Deregulierung in Europa.

Zum Ende des Jahres 1988 waren nach Aussagen von MBB 7460 Verkehrsjets (von 75 Sitzen aufwärts) im Einsatz, davon 5515 Schmalrumpf- und 1945 Großraumflugzeuge. Von der gesamten Flotte waren

älter als 20 Jahre:	19 %
10 bis 20 Jahre alt:	34 %
0 bis 10 Jahre alt:	47 %

Das Durchschnittsalter der Gesamtflotte betrug knapp zwölf Jahre.

In ihren bis zum Jahre 2005 reichenden Prognosen gehen die Flugzeughersteller für diesen Zeitraum von einem Bedarf von etwa 9000 neuen Flugzeugen aus. Die befragten Airlines teilten die Erwartungen der Hersteller weitgehend. Das gesamte Nachfragevolumen schätzt Boeing auf gut 500 Mrd. US $ (Preisbasis 1989). Bei diesen Prognosen liegen die folgenden wichtigsten Annahmen zum Ausmusterungsalter (Boeing) zugrunde:

- Flugzeuge sogenannter alter Technologie (727-100, DC-9-10, BAC 111, Caravelle) werden im Alter von 22 bis 24 ersetzt.
- Weiterentwickelte Flugzeuge, sog. "derivatives" (wie 727-200, DC 9-30/50) werden im Alter von 25 Jahren bis 30 Jahren ersetzt.
- Derivatives neuerer Technologie und "wide bodies" erreichen ein Lebensalter von 28 bis 30 Jahren.

Das Lebensalter der Flugzeuge kann weiter verkürzt werden durch

- "maintenance requirements",
- Auflagen zur Reduzierung des Fluglärms,

- den Zwang der Fluggesellschaften zu einem betriebswirtschaftlich vernünftigen finanziellen Risiko und vertretbaren operating costs.

Gegenwärtig sind knapp 1500 Flugzeuge zwanzig Jahre und älter und befinden sich damit in einem Stadium, in dem ihre Ausmusterung bald bevorsteht. Mehr als 50 % der Weltflotte ist älter als 10 Jahre.

2 Die Marktkonstellation

Bevor auf die Wettbewerbssituation bei den Flugzeugherstellern näher eingegangen wird, sollen zum besseren Verständnis zunächst die Struktur des Marktes für Verkehrsflugzeuge und die sich daraus theoretisch abzuleitenden Wettbewerbsbedingungen und Reaktionsmuster der Marktteilnehmer im Überblick dargestellt werden.

2.1 Nachfrager (Fluggesellschaften)

Gegenwärtig existieren weltweit rund 200 Fluggesellschaften. Davon haben ihren Firmensitz in

Europa	29 %
Nordamerika	24 %
Afrika und mittlerer Osten	17 %
Asien und Australien	15 %
Lateinamerika und Karibik	15 %

Die große Zahl der Fluggesellschaften und ihre weltweite Streuung ist vor allem darauf zurückzuführen, daß viele Staaten - z. T. aus Gründen des nationalen Prestiges - eigene Fluggesellschaften unterhalten. Zur Charakterisierung der Nachfrageseite reicht eine nach Zahl und regionaler Verteilung der Gesellschaften beschränkte Darstellung nicht aus. Im

Hinblick auf Nachfragevolumen und Nachfragemacht ist vor allem das Merkmal Unternehmensgröße in die Betrachtung einzubeziehen.

Als Merkmal zur Charakterisierung der Unternehmensgröße bieten sich u.a. an Umsatzerlöse, Zahl der Beschäftigten, Zahl der Flugzeuge, bezahlte Passagierkilometer (PKT) zuzüglich bezahlte Fracht-Tonnenkilometer (Fracht-TKT), Zahl der Starts, Flugkilometer. Im Rahmen dieser Betrachtung sollen nur die Merkmale Zahl der Beschäftigten und Zahl der Flugzeuge zur Charakterisierung näher herangezogen werden. Die folgenden Betrachtungen beziehen sich auf den internationalen Linienverkehr und beschränken sich auf die zwanzig größten Fluggesellschaften.

Insgesamt beschäftigten die zwanzig größten Fluggesellschaften der Welt im Jahre 1988 rund 654 000 Personen und hatten 3 520 Flugzeuge im Einsatz. Wie stark der Luftverkehr aber von nur wenigen Fluggesellschaften dominiert wird, zeigt sich daran, daß die fünf größten Fluggesellschaften 42 % des Personals beschäftigen und die Hälfte der Flugzeuge besitzen.

Die Betrachtung nach Regionen verdeutlicht die Dominanz Nordamerikas (USA einschl. Kanada). Von den zwanzig größten Fluggesellschaften der Welt beschäftigen nordamerikanische Fluggesellschaften die Hälfte des Personals und betreiben 67 % des gesamten Flottenbestandes. Für europäische Gesellschaften betragen diese Anteile 34 % bzw. 21 % (vgl. Tabelle III, 2.1/1).

Die größte Fluggesellschaft ist gemessen an der Zahl der Flugzeuge "American". Sie hatte 1988 knapp 470 Flugzeuge im Einsatz und damit mehr als doppelt so viele wie die sechstgrößte Gesellschaft "TWA"; die an fünfzehnter Stelle rangierende "JAL" wird um das Fünffache übertroffen.

Abgesehen von den regulativen Rahmenbedingungen, auf die hier nicht näher eingegangen wird, läßt sich die Nachfragerseite nach Merkmal Marktteilnehmer wie folgt charakterisieren: Es existieren zwar viele Nachfrager, doch wird wegen der hohen Konzentration der Markt von nur relativ wenigen Teilnehmern dominiert.

Tabelle III, 2.1/1

Fluggesellschaften nach Regionen und Größe

	Die 20 größten Gesellschaften		Alle Gesell-schaften
	Beschäftigte	Flugzeuge	
		absolut	
Europa	219210	736	58
Afrika und mittlerer Osten	23773	110	35
Lateinamerika und Karibik	24179	75	29
Nordamerika	324911	2365	48
Asien und Australien	62005	234	31
insgesamt	654078	3520	201
davon			
die 5 größten Gesellschaften	273580	1812	
		in vH	
Europa	33,5	20,9	28,9
Afrika und mittlerer Osten	3,6	3,1	17,4
Lateinamerika und Karibik	3,7	2,1	14,4
Nordamerika	49,7	67,2	23,9
Asien und Australien	9,5	6,6	15,4
insgesamt	100,0	100,0	100,0
davon			
die 5 größten Gesellschaften	41,8	51,5	

Quellen: Lufthansa, Statistik und Information, 1989; DIW.

2.2 Hersteller

Innerhalb der Luftfahrtindustrie wird je nach Aufgaben oder Funktionsbereichen unterschieden in

- Systemfirmen
- Hersteller von Triebwerken
- Ausrüster
- Hersteller von Werk- und Antriebsstoffen.

Je nach Komplexität der Leistung wird wiederum differenziert in

- System (Flugzeug)
- Subsystem (z.B. Kommunikation, Navigation, Flugregelung, Flugsteuerung)
- Komponente (Computer)
- Baugruppe (integrierte Fertigungsteile)
- Fertigungsteile

Die aufgeführten Unterscheidungen ergeben sich, wenn das Flugzeug in seine Funktion "zerlegt" wird. Mit der Abbildung III, 2.2/1 "Standardstrukturplan für Untersystem Ausrüstung" wurde der Versuch unternommen, das komplexe System in schematischer Form für einen ausgewählten Bereich vertiefend darzustellen. Die in der Zeile unterhalb "Flugzeug XY" aufgeführten Funktionsbereiche zeigen das breite Aufgabenfeld der Systemfirmen. Sie bilden gleichzeitig die Schnittstelle zu den Subsystemen und diese verzweigen sich weiter bis hin zu den bereits angesprochenen Fertigungsteilen. Unterschiedlichste Technologien finden im Flugzeug Anwendung und sind im Rahmen eines Gesamtkonzepts zu einer integralen Lösung zusammenzuführen.

Die Vielzahl der Aufgabengebiete wird in der Abbildung beispielhaft am weiter aufgebrochenen Bereich "Ausrüstung" dargestellt. Differenziert werden kann hier in die Funktionsbereiche "Flugsteuerung/dynamische Systeme", "Hilfsaggregate", "Avionik/Instrumentierung" mit wiederum sehr spezifischen Aufgabenbereichen. Hinsichtlich der bei Auslegung und Bau eines Flugzeugs zugrundeliegenden Arbeitsteilung folgt daraus: Mit zunehmender Integration von Funktionsbereichen steigt auch die Zahl der

Technologiegebiete, die im Unternehmen zumindest soweit beherrscht werden müssen, daß eine technische Beurteilung und Zusammenführung möglich ist. Es liegt auf der Hand, daß die technischen Entwicklungen in den verschiedenen Bereichen wie Elektronik, Aerodynamik, Material, Antrieb auch Konsequenzen für die arbeitsteilige Erstellung eines Flugzeugs haben müssen: Einerseits nimmt das von den Systemfirmen zu beherrschende Technologiespektrum zu, zum anderen dürfte die Herstellung von Subsystemen, Komponenten, Baugruppen eine technologisch bedingte weitere Spezialisierung erfordern. Darüber hinaus gewinnen die Elektronik, aber auch in vielen Bereichen des Flugzeugs neue Werkstoffe sowie Triebwerke an Bedeutung. All dies führt zu Verlagerungen in der Wertschöpfungsstruktur.

Abb. III, 2.2/1

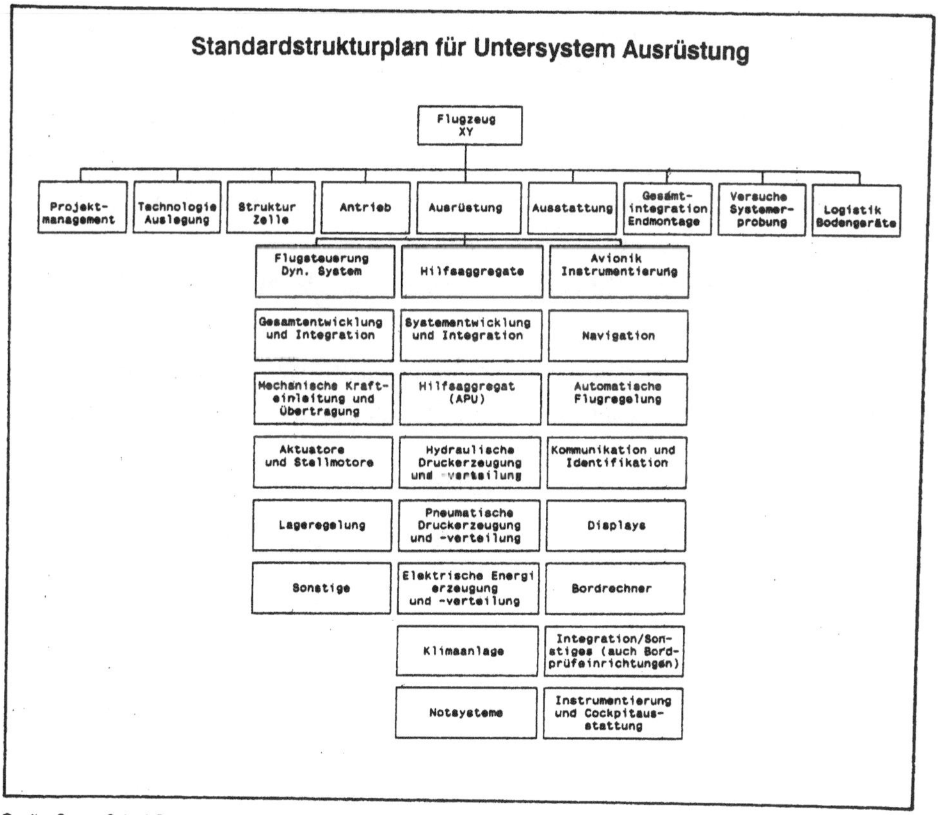

Standardstrukturplan für Untersystem Ausrüstung

Quelle: Secon-Seipel Consult.

Auch wenn in dieser Untersuchung vorwiegend die Ebene der Systemfirmen behandelt wird, so sei doch darauf hingewiesen, daß deren Konkurrenzfähigkeit auch von der Arbeitsteilung mit der Zulieferindustrie abhängt. Deshalb wäre für die Bewertung der Leistungsfähigkeit der europäischen Luftfahrtindustrie auch eine Analyse der Subsystem-, Komponenten-, Avionikindustrie, d.h. der gesamten Zulieferindustrie notwendig. Eine solche tiefgreifende Analyse konnte im Rahmen des vorliegenden Untersuchungsansatzes nicht geleistet werden.

In die Betrachtung einbezogen werden Hersteller von zivilen Großflugzeugen mit 100 und mehr Sitzplätzen. Dazu rechnen: "single aisle" (Standardrumpf-Flugzeuge), "twin-aisle-twin" (Großraumflugzeuge mit zwei Triebwerken), drei- und viermotorige wide bodies (Großraumflugzeuge). Solche Flugzeuge werden in der westlichen Welt von drei Herstellern gefertigt. Der größte Produzent Boeing sowie der zweitgrößte Hersteller McDonnell Douglas haben ihren Firmensitz in den USA. Bei dem dritten Anbieter, der Airbus Industrie mit Standort in Europa, handelt es sich um kein Unternehmen im engeren Sinne, sondern um ein Firmenkonsortium in der Rechtsform des "Groupement d'Intérêt Economique". Diese Rechtsform wurde 1967 von der französischen Regierung geschaffen.[7] Da Unternehmen solcher Rechtsform nicht publizitätspflichtig sind, stehen Unternehmensdaten wie Umsätze oder Wertschöpfung, die allgemein zur Beschreibung der Unternehmensgröße herangezogen werden, für die Airbus Industrie nicht zur Verfügung.[8] Im folgenden werden deshalb ersatzweise zur Beschreibung der Unternehmensgröße der Airbus Industrie Daten der beteiligten Unternehmen verwendet. Als vierter Anbieter käme in der Klasse 50 bis 100 Sitze die niederländische Firma Fokker hinzu.

Die Flugzeughersteller sind - mit unterschiedlicher Intensität - auch mit militärischen Aufgaben befaßt. Deshalb sind Unternehmensgesamtdaten Spiegelbild ihres unternehme-

---

[7] Ordonnance No. 67-821 du 23 September 1967 sur les Groupements d'Intérêt Economique.

[8] Vgl. dazu auch: Coopers + Lybrand: The Airbus Enterprise, A Review of the Public Record; March 1988.

rischen Gesamtpotentials und nicht unmittelbar Ausdruck ihrer Position auf dem zivilen Flugzeugmarkt.

Größter Einzelhersteller ist die Firma Boeing mit einem Umsatz (1987) von 15,4 Mrd. US $, gefolgt von McDonnell Douglas mit 13,1 Mrd. US $. In Europa erzielte im Jahre 1987 British Aerospace mit 6,6 Mrd. US $ den höchsten Umsatz vor Aérospatiale, Frankreich mit 5,2 Mrd. US $ und MBB, Bundesrepublik Deutschland mit 3,4 Mrd. US $. Der Wertschöpfungsanteil der beiden US-amerikanischen Unternehmen beträgt 38 % bzw. 40 %. Bei den europäischen Unternehmen fällt der mit 46 % hohe Wertschöpfungsanteil von MBB auf. Dagegen weisen Aérospatiale und British Aerospace Wertschöpfungsanteile von 33 % bzw. 34 % aus.

Der Vorleistungsanteil gibt an, inwieweit die Unternehmen mit anderen Produzenten zusammenarbeiten. Aus den von Eurostaf [9] ermittelten Daten läßt sich ableiten, daß die französische und britische Systemfirma weit mehr auf Zulieferungen zurückgreifen als die deutsche. Der Grund dafür kann - neben einer anderen Strategie - die unterschiedliche Leistungsfähigkeit der Zulieferindustrien in den jeweiligen Ländern sein. Von der Bundesrepublik ist bekannt, daß sie über eine nur relativ schwach ausgebaute Ausrüstungsindustrie verfügt, so daß sich vermutlich daraus der hohe Wertschöpfungsanteil von MBB ergibt. Die schwach ausgebaute Ausrüstungsindustrie mit relativ kleinen Unternehmen ist auf die lange Abstinenz der Bundesrepublik Deutschland im Flugzeugbau nach dem zweiten Weltkrieg zurückzuführen.

Die von Boeing bzw. McDonnell Douglas jeweils allein erzielten Umsätze entsprechen etwa der Summe aller an der Airbus Industrie beteiligten Systemfirmen, zu denen neben den bereits genannten das spanische Unternehmen CASA hinzukommt. Insgesamt verdeutlichen diese Zahlen die Dominanz des US-amerikanischen Flugzeugbaus. Die Dominanz wird noch unterstrichen, wenn statt des Umsatzes oder der Wertschöpfung die Umsatzrenditen miteinander verglichen werden. Diese lagen bei den US-amerikanischen Herstellern im Zeitraum 1983 bis 1987 zwischen 2,2 % und 7,6 %, während die

[9] Eurostaf Data: L'industrie aéronautique et spatiale mondiale. Januar 1989.

zusammengefaßte Umsatzrendite der fünf großen europäischen Unternehmen zwischen -1,3 % und 2,8 % schwankten (vgl. Abbildung III, 2.2/2). Allerdings hat sich die Ertragsposition von McDonnell Douglas in den letzten beiden Jahren deutlich verschlechtert. Trotz eines massiven Auftragspolsters von 54 Mrd. US $ und langer Wartelisten macht dieses Unternehmen im zivilen Großflugzeugbau Verluste.[10] Damit gleicht die gegenwärtige Situation von McDonnell Douglas derjenigen der Airbus Industrie. Trotz ausgelasteter Kapazitäten kann kein positives Betriebsergebnis erwirtschaftet werden. Umso stärker erscheint gegenüber den beiden Mitwettbewerbern die Position von Boeing: Dieses Unternehmen hat

- den größten Marktanteil,
- eine komplette Flugzeugfamilie mit einer Monopolstellung bei der 747 und
- erwirtschaftet ein deutlich positives Betriebsergebnis.

Zur Beschreibung der Marktpositionen für den Bereich des zivilen Verkehrsflugzeugbaus sind Marktanteile, Produktionszahlen und Verkaufserlöse die wohl geeignetsten verfügbaren Informationen. Im Jahre 1970 waren 84 % der sich im Einsatz befindlichen Verkehrsflugzeuge mit mehr als 80 Sitzen US-amerikanischen Ursprungs. In den nachfolgenden Jahren hat sich die Vorherrschaft amerikanischer Flugzeughersteller insofern noch verstärkt, als die damaligen europäischen Flugzeughersteller heute nicht mehr mit eigenen Produkten auf dem Markt sind, und die Airbus Industrie erst 1970 gegründet wurde (vgl. Abbildung III, 2.2/3 und Abbildung III, 2.2/4).

---

[10] Vgl. Wirtschaftswoche Nr. 31, 27. Juli 1990, S. 116ff.

Abb. III. 2.2/2

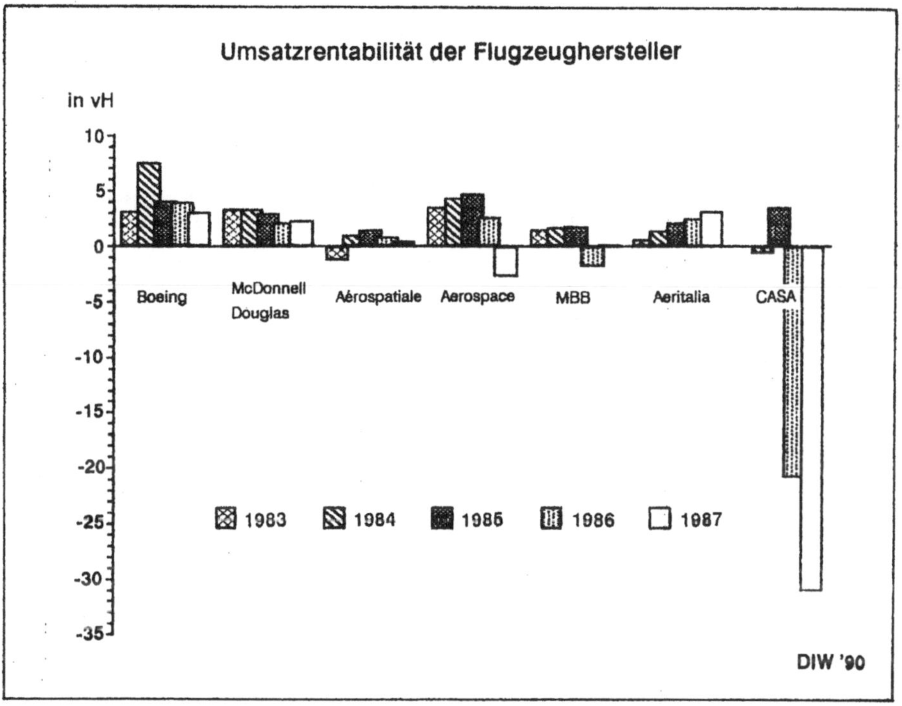

Quellen: L'industrie aéronautique et spatiale mondiale, Eurostaf, Januar 1989; DIW.

Abb. III, 2.2/3

Ausgelieferte zivile Großflugzeuge

- 1960 - 1975 durchschnittlich ausgelieferte Flugzeuge = 100 -

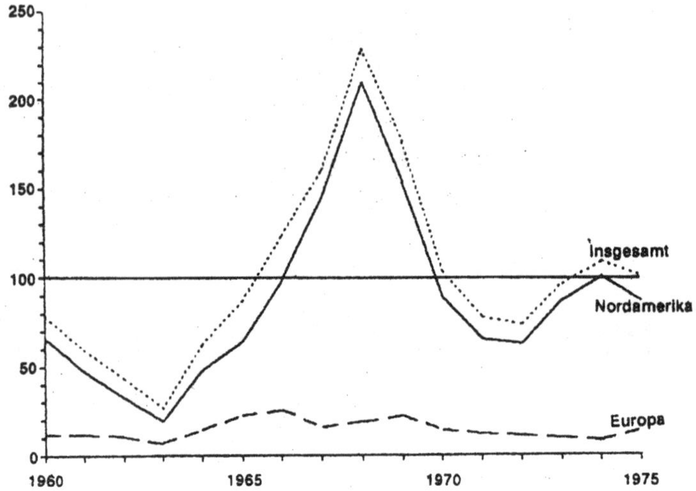

- 1976 - 1988 durchschnittlich ausgelieferte Flugzeuge = 100 -

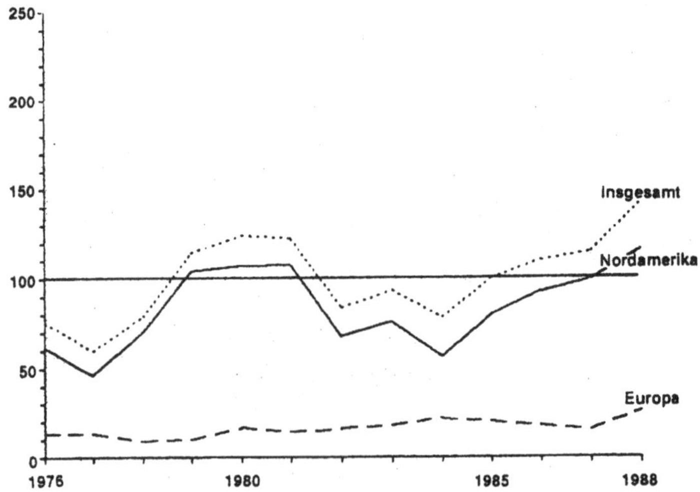

DIW '90

Quellen: International Trade Aspects of Commercial Aircraft Programs, Boeing; Order & Delivery Review, Airbus Industrie, August 1989; DIW.

Abb. III, 2.2/4

Ausgelieferte zivile Großflugzeuge

- 1976 - 1988 durchschnittlich ausgelieferte Flugzeuge = 100 -

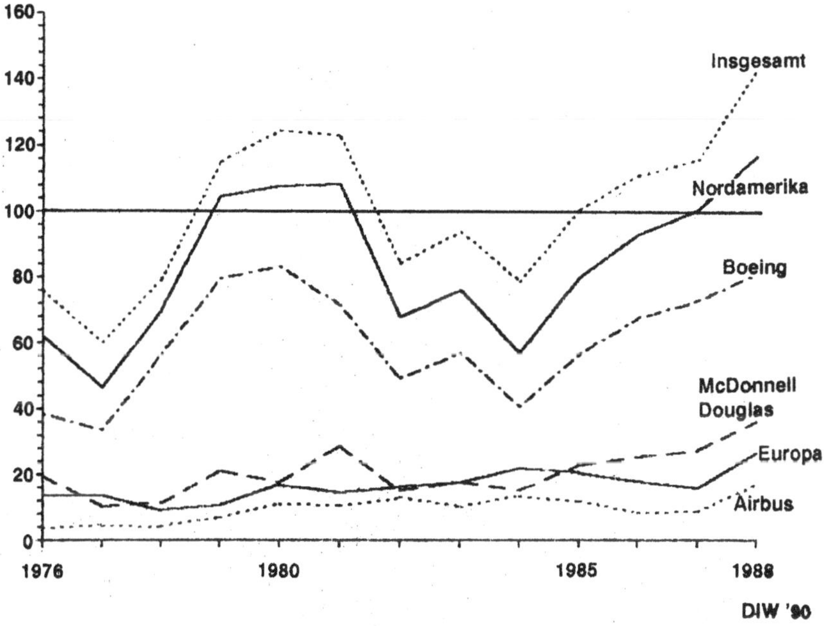

Quellen: International Trade Aspects of Commercial Aircraft Programs, Boeing; Order & Delivery Review, Airbus Industrie, August 1989; DIW.

Im Bereich des zivilen Verkehrsflugzeugbaus lassen sich die Größenordnungen am besten an der Zahl der produzierten Flugzeuge und den Anteilen am Weltflottenbestand der einzelnen Hersteller darstellen. Da die Airbus Industrie erst Mitte der siebziger Jahre mit der Auslieferung des A 300 begann, hat sie einen niedrigeren Anteil an der gesamten Weltflotte als an den Auslieferungen und Bestellungen. Die Entwicklung des Marktanteils an der Weltgesamtflotte errechnet sich aus

- Flottenbestand
- zzgl. ausgelieferte Flugzeuge
- abzgl. ausgemusterte Flugzeuge.

Geht man von einer durchschnittlichen Lebenszeit von zwanzig Jahren aus, dann betrug 1985 der Anteil des Airbus an der Weltflotte - errechnet anhand der Auslieferungen 1965 bis 1985 -im Jahre 1985 lediglich 4,5 %. Mit der Erweiterung der Flotte um den A 320 und aufgrund der Verkaufserfolge dieses Modells hat die Airbus Industrie inzwischen ihren Anteil am Weltflottenvolumen auf etwa 5,2 % (1988) erhöhen können. Mit den Auslieferungen der A 330/A 340 wird dieser weiter zunehmen.

An den in der Zeit von 1977 bis 1986 ausgelieferten Flugzeugen hatte die Airbus Industrie einen Anteil von durchschnittlich 16 %, heute beträgt dieser Anteil 18 %. Die aktuellen Verkäufe und Bestellungen lassen eine Zunahme der Marktanteile der Airbus Industrie erwarten. Die Vormachtstellung von Boeing wird aber erhalten bleiben (vgl. Abbildung III, 2.2/5).

Abb. III, 2.2/5

Entwicklung der Airbus-Marktanteile nach Flugzeugtypen
- 1986 - 2005 -

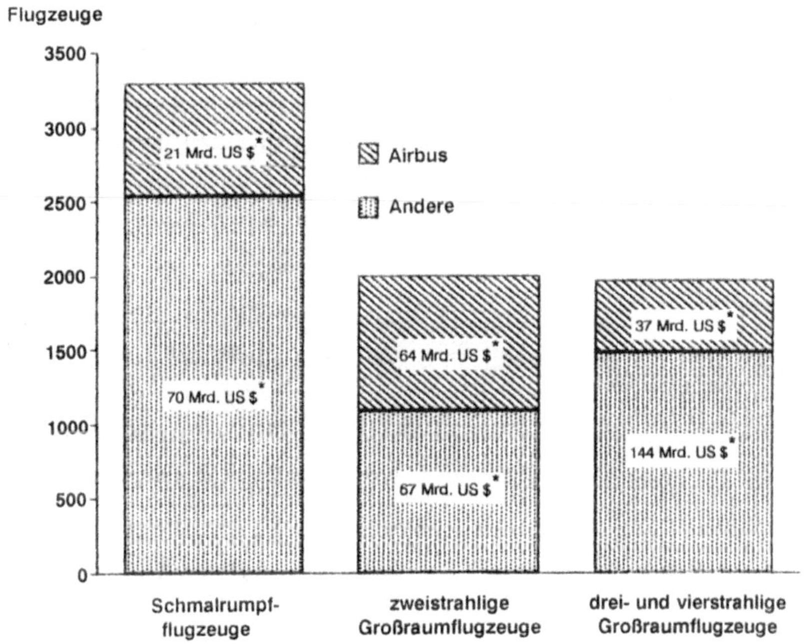

*Wertvolumen neuer Flugzeuge (Milliarden Dollar 1986).

DIW '90

Quellen: Airbus Industrie; DIW.

2.3 Marktform und Konsequenzen für den Wettbewerb aus theoretischer Sicht

2.3.1 Marktform

Die folgenden preis- und wettbewerbstheoretischen Überlegungen sollen dazu beitragen, den Markt für zivile Großflugzeuge und das Verhalten der Marktteilnehmer besser zu verstehen. Ausgangspunkt aller preis- und wettbewerbstheoretischen Überlegungen ist die Marktform. Zu ihrer Klassifizierung herangezogen werden Zahl sowie Marktstellung (relative Größe) der anbietenden und nachfragenden Wirtschaftssubjekte. In einem bilateralen Monopol besteht bei vorgegebener Nachfragemenge für den Preis ein theoretischer Handlungsspielraum. Die Preisuntergrenze P_1 wird durch die Durchschnittskosten, die Obergrenze P_2 durch die Grenzkosten bestimmt (vgl. Abbildung III, 2.3.1/1). In diesem Korridor vollzieht sich auch die Preisbildung für zivile Großverkehrsflugzeuge.

Abb. III, 2.3.1/1

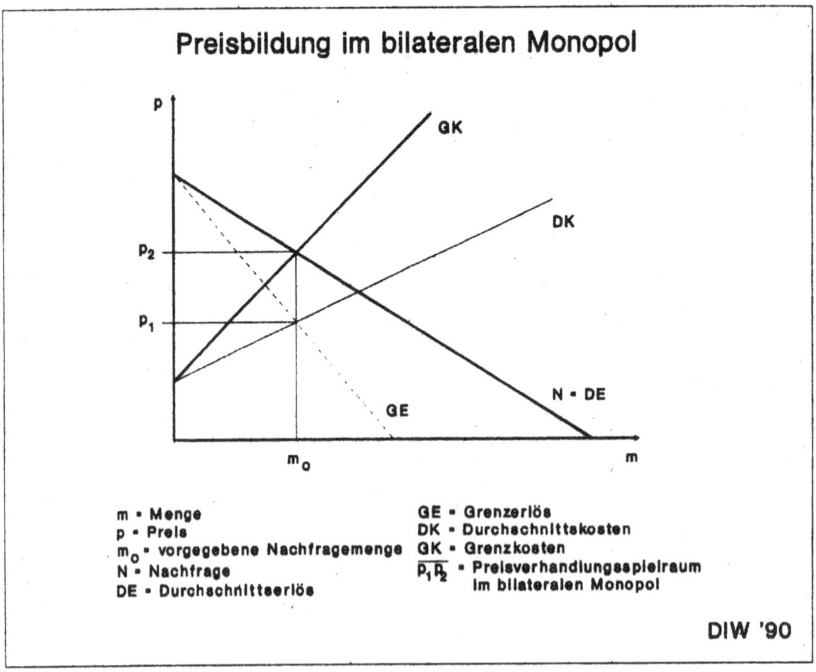

Quelle: Borchert/Grossekettler: Preis- und Wettbewerbstheorie, 1985.

Wie bereits dargestellt, konkurrieren im Großflugzeugbau die europäische Airbus Industrie mit Boeing und McDonnell Douglas. Diesen je nach Flugzeugtyp ein bis drei Anbietern stehen als Nachfrager die internationalen Fluggesellschaften gegenüber. Unter dem Blickwinkel Marktmacht bzw. Kaufpotential zeigt sich hier ein großes Gefälle. Aus Sicht der Hersteller dürfte die Zahl der als sehr wichtig einzustufenden Nachfrager kaum größer als zwanzig sein. Die hier zugrunde liegende Marktform ist das bilaterale Oligopol. Sie ist gekennzeichnet durch eine sehr hohe Wettbewerbsintensität mit Verhaltensmustern wie ruinöser Wettbewerb bzw. Absprachen mit dem Ziel der "joint profit maximization".[11] In Oligopolen besteht deshalb ein starkes Konkurrenzelement, weil die Konkurrentengruppe überschaubar ist und weil die Aktionen des einen Anbieters Rückwirkungen auf das Verhalten der anderen hervorrufen[12] (vgl. Abbildung III, 2.3.1/2).

Abb. III, 2.3.1/2

Marktformen

Anbieter \ Nachfrager	einer	wenige	viele
einer	bilaterales Monopol	nachfrage-beschränktes Angebotsmonopol	Monopol
wenige	angebots-beschränktes Nachfragemonopol	bilaterales Oligopol	Oligopol
viele	Monopson	Oligopson	Polypol

Quelle: Borchert/Grossekettler: Preis- und Wettbewerbstheorie, 1985.

[11] Vgl.: E.H. Chamberlin: The Theory of Monopolistic Compensation, Cambridge (Mass).

[12] Zu Marktform und Verhaltensweise vgl. Borchert/Grosseke in: Preis- und Wettbewerbstheorie S. 52 ff.

Die tatsächliche Intensität des Wettbewerbs wird neben der Zahl von Anbietern und Nachfragern vor allem von

- der Größe (Marktmacht) der Marktteilnehmer
- der Markttransparenz
- der Homogenität der Produkte
- den Marktzutrittsbarrieren
- den economies of scale and scope bestimmt.

Da bei der Analyse der Wettbewerbsfähigkeit des europäischen zivilen Großflugzeugbaus auf die einzelnen Faktoren noch näher eingegangen wird, soll im Rahmen dieses Kapitels nur ein erster Aufriß über die Relevanz der einzelnen Wettbewerbsfaktoren aus theoretischer Sicht gegeben werden.

2.3.2 Wettbewerbsfaktoren

2.3.2.1 Größe der Marktteilnehmer

Der Blick auf die Angebots- und Nachfrageseite zeigt die große Dominanz der USA auf dem Markt für Großflugzeuge: Zwei der drei Flugzeughersteller sowie die größten Fluggesellschaften haben dort ihren Firmensitz, gemessen an den Flugkilometern sind die USA die Region mit der höchsten Flugintensität in der Welt.

Boeing ist der mit Abstand größte Hersteller von Zivilflugzeugen und verfügt - wie später noch zu zeigen sein wird - im Segment der Langstreckengroßflugzeuge über eine Monopolstellung. McDonnell Douglas ist zwar auf dem Sektor Zivilflugzeuge - gemessen an den produzierten Flugzeugen - mit der Airbus Industrie vergleichbar, doch ist dieses Unternehmen gleichzeitig auch ein bedeutender Hersteller militärischer Flugzeuge. Demgegenüber bestehen in Europa Verbindungen zum militärischen Bereich zwar bei den einzelnen Partnern, nicht aber bei der Airbus Industrie selbst. Hinzu kommt, daß die Airbus Industrie im Vergleich zu den Konkurrenten erst relativ kurz auf dem Markt ist und sich noch in der Aufbauphase befindet. Außerdem spielt beim Kauf von zivilen Großflugzeugen das Prinzip "buy national" eine gewisse Rolle.

Daraus folgt: Aufgrund ihrer Tradition im zivilen Großflugzeugbau, ihrem unternehmerischen Potential sowie der Dominanz US-amerikanischer Fluggesellschaften haben Boeing und McDonnell Douglas Wettbewerbsvorteile. Boeing ist aufgrund des hohen Marktanteils, der Fertigungs- und Entwicklungskapazitäten sowie des Produktprogramms zweifelsfrei Marktführer.

2.3.2.2 Markttransparenz

Die Wettbewerbsintensität und das interaktive Verhalten der Marktteilnehmer ist in hohem Maße von der Markttransparenz abhängig. Je höher die Markttransparenz über das Produktangebot ist, desto geringer ist für die Käufer bei der Produktauswahl das Risiko der Fehlentscheidung wegen fehlender Marktkenntnis, und desto geringer sind deshalb auch die Chancen für den Verkäufer, mit ungleichwertigen Produkten am Markt überleben zu können. Im Modell des totalen Konkurrenzgleichgewichtes wird deshalb davon ausgegangen, daß die Wirtschaftssubjekte vollständige Transparenz über die gesamte Wirtschaftsstruktur und unendlich schnelle Anpassungsbeweglichkeit an geänderte Marktdaten besitzen. Ist die Anpassungsgeschwindigkeit geringer, können Wirkungen auftreten, wie sie die Theorie mit dem "Cobweb-Theorem" beschreibt: Der einzelne Konkurrent glaubt nicht, daß die Variation seines Angebotes auch Auswirkungen auf das Angebot der Mitkonkurrenten haben wird. Tatsächlich reagieren aber alle Anbieter diesem Modell zufolge in der gleichen Richtung. Dies führt zu zyklisch verlaufenden Anpassungsprozessen.

Aufgrund der besonderen Marktkonstellation - weltweit existieren nur drei Anbieter, das Produkt ist sehr teuer - ist der Flugzeugmarkt äußerst transparent. Es dürfte kaum einen anderen Markt in der Welt geben, bei dem die Transparenz ähnlich ausgeprägt ist: Der Käufer kann nicht nur weltweit unter maximal drei Angeboten wählen, hinzu kommt, daß seine Entscheidung bei den anderen Herstellern und den Luftverkehrsgesellschaften kurzfristig bekannt wird. Dies bedeutet, daß Veränderungen in der Produkt-oder Preisgestaltung von den Konkurrenten frühzeitig erkannt werden und zu Reaktionen führen. Prozesse, wie sie mit dem "Cobweb-Theorem" beschrieben werden, sind in einer solchen Konstellation nicht sehr wahrscheinlich. Sollte ein Konkurrent über geänderte Qualitäts-, Mengen-, Preis- bzw. Produktpolitik sich Marktvorteile verschaffen, dann muß er aufgrund seiner bislang gemachten Erfahrungen damit rechnen, daß die Konkurrenten versuchen werden, diesen Vorteil möglichst bald auszugleichen. Dabei werden sie sich aber bezüglich des gesamten Marktpotentials keinen Illusionen hingeben. Um qualitativ/technische Vorteile des Konkurrenten auszugleichen und Verluste von Marktanteilen zu verhindern, bleibt ihnen kurzfristig die Möglichkeit von Preiszugeständnissen. Mittel- bis langfristig werden sie gezwungen sein, die eigenen Produkte entsprechend zu verbessern.

Auf oligopolitischen Märkten mit hoher Markttransparenz und weitgehend homogenen Gütern ist die Gefahr des ruinösen Wettbewerbs besonders hoch. Ein - wettbewerblich aber äußerst fragwürdiges - Verhalten zur Vermeidung des ruinösen Wettbewerbs ist die Absprache über wettbewerbliche Rahmenbedingungen. Die möglichen Verhaltensmuster reichen von konkludentem Handeln bis zu schriftlich fixierten Abkommen. Erfahrungsgemäß ist die Gefahr für den Ausbruch eines ruinösen Wettbewerbs dann am größten, wenn die Nachfrageentwicklung insgesamt unbefriedigend ist, und ein Marktteilnehmer die Hoffnung haben kann, die Auseinandersetzung mit der Konkurrenz gestärkt zu überstehen. Für die europäische Industrie und für McDonnell Douglas bedeutet die Marktführerschaft von Boeing eine solche Gefahr: Dieses Unternehmen erscheint gegenwärtig als einziges der drei Anbieter in der Lage, gegebenenfalls einen ruinösen Wettbewerb unter ausschließlich ökonomischen Rahmenbedingungen auslösen und auch überleben zu können.

2.3.2.3 Homogenität der Produkte

Bei homogenen, d.h. sowohl technisch als auch subjektiv gleichwertigen Gütern, gibt es keine Präferenzen der Nachfrager nach Produkten bestimmter Unternehmen. Instrumente zur Sicherung und Verbesserung der Marktposition sind deshalb neben dem Preis die Gestaltung des Produkts einschließlich der produktrelevanten Infrastruktur (Service) und das Unternehmensimage.

Auf Märkten mit homogenen Gütern führen Preisdifferenzen zu keinem Gleichgewicht: Das Unternehmen mit dem teueren Produkt würde unter Anwendung der ceteris paribus Klausel keine Nachfrage haben. Das einzige single-price equilibrium (SPE) ist dort, wo für alle Firmen ein einheitlicher Wettbewerbspreis besteht. Der Wettbewerbspreis ist der Preis, bei dem kein Unternehmen durch Veränderung der Preise den Gewinn steigern kann (Nash equilibrium).[13]

Je nach Einsatzbereich (Kurz-, Mittel-, Langstrecke) und Größe (Transportkapazität) kann der Markt für zivile Großflugzeuge in Segmente aufgeteilt werden. Bei der Auslegung der Flugzeuge für die einzelnen Teilmärkte basieren die Hersteller auf weitgehend gleichen Informationen. Dieser Umstand sowie die Auswirkungen der hohen Markttransparenz - wie in 2.3.2.2 beschrieben - führen dazu, daß die jeweils angebotenen Flugzeuge sich längerfristig hinsichtlich Auslegung, Preis-/Leistungsverhältnis, Qualität, Service nicht wesentlich unterscheiden können. Eindeutige Wettbewerbsvorteile eines Anbieters können in der Regel nur kurzfristig durch Preisnachlässe kompensiert werden. Längerfristig besteht auf oligopolitischen Märkten mit hoher Markttransparenz für die Mitkonkurrenten nur die Möglichkeit, Wettbewerbsnachteile durch entsprechende Verbesserungen des Produktes auszugleichen. Gelingt dies nicht, droht dem Unternehmen bzw. der betroffenen Produktlinie existentielle Gefahr.

In Marktkonstellationen, wie sie für die zivile Luftfahrtindustrie gelten, sind deshalb Strategien zu erwarten, die darauf zielen, mit technisch/qualitativen Produktverbesserungen bzw. durch Modellvariation und -wechsel der Konkurrenz zuvor zu kommen und sich dadurch zeitlich befristete Wettbewerbsvorteile zu verschaffen. Hinzu kommen Pflege des Firmenimages und Service.

---

[13] Vgl. dazu: Dixon, H.: Cornot and Bertrand equilibria with homogeneous products. In: Economics of Industrial Organization. Longman Verlag London and New York. S. 131 ff.

2.3.2.4 Marktzutritt

Die Wettbewerbsintensität und das Verhalten der Marktteilnehmer ist in hohem Maße auch von den Bedingungen des Marktzutritts abhängig. Je niedriger die Zutrittsbarrieren sind, desto höher ist die Wahrscheinlichkeit, daß der wettbewerbliche Regelmechanismus funktioniert, wonach hohe Gewinne neue Marktteilnehmer anlocken. Preise und Gewinne werden solange reduziert, bis sich ein neues Gleichgewicht einstellt. Bain[14] identifizierte vier Elemente der Marktstruktur, die es auf dem Markt bereits etablierten Unternehmen ermöglichen, Marktnewcomer abzuwehren. Diese sind:

- Economies of scale: Wenn, so Bain, für eine effiziente Fertigung ein Produktionsvolumen erforderlich ist, das einen hohen Anteil an der gesamten Nachfrage hat, bietet der Markt nur für wenige Unternehmen Raum.
- Absolute cost advantages: Die existierenden Firmen verfügen über Produktionstechnologien, für die einschlägige Erfahrungen in Produktion sowie Forschung und Entwicklung notwendig sind. Ein anderer Grund kann darin bestehen, daß zur kostengünstigen Produktion ein hoher Kapitalstock gebildet werden muß. Nicht zuletzt spielen langjährige Liefer- und Absatzverflechtungen eine nicht unwesentliche Rolle.
- Capital requirements: Der Schritt auf einen neuen Markt bedeutet für das Unternehmen in der Regel ein nur schwer kalkulierbares Risiko. Je größer dieses Risiko eingeschätzt wird, desto größer werden die Schwierigkeiten für das Unternehmen sein, sich die benötigten Finanzmittel zu beschaffen.
- Product differentiation advantages: Diese können darin bestehen, daß die etablierten Unternehmen über Patente verfügen, Marktnischen besetzt halten oder sich einer Nachfragerloyalität erfreuen.

Hinsichtlich der etablierten Unternehmen identifiziert Bain drei Verhaltensmuster:

- Blockaded entry: Die Unternehmen verhalten sich so, als bestände nicht die Gefahr von Marktnewcomern. Dies ist in der Regel dann der Fall, wenn der

---

[14] Bain, J. 1965: Barriers to New Competition. Cambridge, Mass.: Havard University Press. Zu den Marktzutrittsbarrieren vgl. auch Lyons, B.: Barriers to entry. In: Economics of Industrial Organization. Longman Verlag London and New York, S. 26 ff.

Markt als nicht attraktiv genug angesehen wird oder sich schon traditionell in der vorhandenen Konstellation befindet.

- Deterred entry: Der Marktzutritt kann zwar nicht verhindert werden, doch versuchen die etablierten Unternehmen über ein modifiziertes Verhalten sich Newcomern zu erwehren.
- Accommodated entry: Die einzelnen etablierten Unternehmen sehen in dem Marktzutritt weiterer Wettbewerber einen geringeren Nachteil als in einer Strategie, bei der mit Preissenkungen versucht wird, die Marktzutrittsbarrieren zu erhöhen.[15]

Nicht enthalten sind in den von Bain hier genannten Mustern für den Marktzutritt Erschwernisse oder Verhinderungen durch staatliche Regulierung bzw. Einflußnahme. Auch Maßnahmen wie Zulassungsbedingungen, Normen oder staatliche Förderung bzw. staatliches Nachfrageverhalten können den Marktzutritt erschweren oder erleichtern.

Die Marktzutrittsbarrieren im zivilen Flugzeugbau sind - zumindest auf der Systemebene und beim Triebwerkbau - als sehr hoch einzustufen:
Die Programmlaufzeit (inkl. Product Support für das letzte Serienprodukt) beträgt bis zu 50 Jahre. In Anbetracht eines besonders anspruchsvollen technischen Produktes ist dies auf den ersten Blick eine überraschend lange Zeit, wenn man bedenkt, daß gerade in Bereichen der Spitzentechnologie die Entwicklung besonders rasch voranschreitet. Es sind aber vor allem zwei Aspekte zu berücksichtigen:

- Der Bau eines größeren Verkehrsflugzeugs ist mit hohen Entwicklungs- und Vorlaufkosten verbunden. Entsprechend lang sind auch die Amortisations- bzw. Abschreibungszeiträume.
- Während der Nutzungsphase wird das Flugzeug durch den Einbau neuerer Technik - vorwiegend in der Ausrüstung - häufig weiter modernisiert. In den letzten Jahren wurden Triebwerke in Modernisierungsprogramme aufgenommen.

---

[15] Zu den einzelnen von Bain strukturierten Marktzutrittsbedingungen gibt es eine Reihe von theoretischen Weiterentwicklungen und Modellen. Auf diese soll hier nicht weiter eingegangen werden.
Vgl. dazu: Entry, Accommodation, and Exit. Triole, J.. In: The Theory of Industrial Organization. The MIT Press, Cambridge, Massachusetts, S. 305 ff.

Die zu Beginn und Ende eines Zyklus eingesetzten Flugzeuge sind in der Zelle zwar noch weitgehend unverändert, sie können sich aber in Qualität und Modernität der Ausrüstung und der Triebwerke deutlich voneinander unterscheiden.

Die Abbildung über den Kostenverlauf (vgl. Abbildung III, 2.3.2.4/1) verdeutlicht die hier angesprochene Problematik. Danach sind für die Ideensuche, Produktdefinition und Entwicklung etwa zehn Jahre zu veranschlagen. In dieser Zeit entstehen bereits bis zu 50 % der vorzufinanzierenden Gesamtkosten. Der Entwicklungskostenanteil reduziert sich mit der Anzahl der verkauften Flugzeuge. Hinzu kommt die lange Produktionszeit, bis die Gewinnzone - wenn überhaupt - erreicht wird. Dazu führt H. Flossdorf, Executive Vice President and General Manager of Airbus Industrie aus:

- "We have a tremendous amount of front-end money to invest before the prerequisites for starting full series production are even met. From first ideas on a new product until its certification you can easily spend 2 billion US dollars. And then you continue to spend 2 billion US dollars. And then you continue to spend money to prepare and initiate series production shown to a negativ cash flow of the order of 3.5 to 4 billion US dollars. There is the perspective of staying in a negative cash flow for about 15 years if the programme is good; if not, there are all sorts of possible outcomes including ending with a huge loss.

Abb. III, 2.3.2.4/1

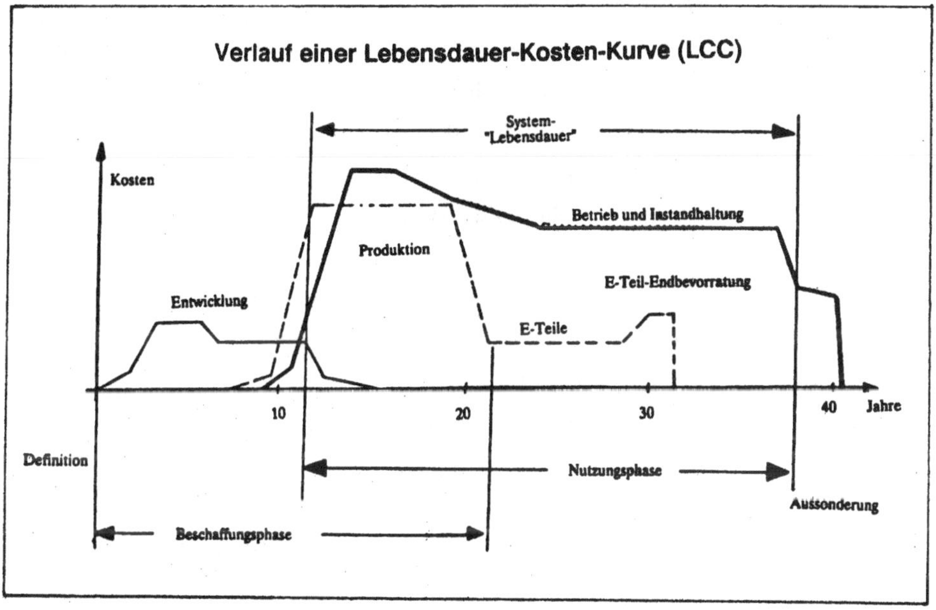

Quelle: Secon-Seipel Consult.

- We have an extremely long life cycle which may range from 30 to 50 years depending on the length of the production run. Throughout this period we keep on spending money for product improvements and support until the last unit produced is withdrawn from service.[16]

Die geringe Zahl von Anbietern großer ziviler Verkehrsflugzeuge ist sicherlich zu einem erheblichen Teil auf die hohen Entwicklungskosten und die langen Kapitalrückflußzeiten zurückzuführen.[17]

Die Marktzutrittsbarrieren sind aber nicht nur wegen der Produktions- und Entwicklungskosten hoch. Hinzu kommen in Anbetracht der hohen Sicherheitsansprüche an das Produkt sowie dessen Langlebigkeit, daß die Fluggesellschaften Vertrauen in die qualitative Leistungsfähigkeit des Herstellers und dessen langfristige Wettbewerbsfähigkeit haben müssen. Das Umsteigen auf ein noch nicht bewährtes Produkt eines neuen Anbieters bedeutet mithin ein sehr großes Risiko.

Für die Ausrüstungsindustrie als Zulieferer der Systemhersteller gelten andere Wettbewerbs- und Marktzutrittsbedingungen. Das Argument der hohen Entwicklungskosten, verbunden mit langen Amortisationszeiten, verliert mit abnehmendem technischen Komplexitätsgrad des Ausrüstungsanteils an Bedeutung.

2.3.2.5 Economies of Scale, Economies of Scope

Bereits bei der Erörterung des Marktzutritts wurde auf die Rolle der economies of scale eingegangen. Sie beschreiben den Zusammenhang zwischen sinkenden Produktionskosten je Stück bei steigender Produktionsmenge. Unter economies of scope werden Kostenersparnisse verstanden, die mit der Produktion mehrerer Produktlinien entstehen.

---

[16] Heribert Flossdorf: Airbus: The success of cooperative ventures. In: European Affairs No. 3/87, S. 69 ff.

[17] Vgl. Hornschild, K., Neckermann, G.: Die deutsche Luft- und Raumfahrtindustrie. Campus Verlag Frankfurt/New York 1988, S. 48 ff.

Economies of scale und economies of scope werden herangezogen, um Mindestgrößen von Unternehmen definieren zu können, bei denen diese in der Lage sind, zu noch wettbewerbsfähigen Bedingungen zu produzieren.

Wie im einzelnen noch zu zeigen sein wird, spielen in der zivilen Luftfahrtindustrie beide Effekte eine große Rolle. Die economies of scale machen sich schon allein aufgrund der hohen Entwicklungskosten bemerkbar. Diese sind zunächst quasi Fixkosten. Ihr Anteil je Flugzeug ist abhängig von der Zahl der produzierten Einheiten.

Neben den Entwicklungskosten haben in der Luftfahrtindustrie die sogenannten Lernkurveneffekte große Bedeutung. Darunter werden die Kosteneinsparungen in der Produktion verstanden, die durch die Wiederholung von Arbeitsgängen entstehen. Die Lerneffekte wurden von Boeing wie folgt beschrieben:[18]

- Production volume permits improvement through learning, with the result that manhours per unit are progressively reduced.
- Both unit volume and labor productivity improvements are necessary to achieve diminishing costs.
- Significant differences in learning curve performance exist between suppliers and program participants.
- Labor flexibility - the capability to reduce workforce levels - is an important ingredient to labor productivity.
- If the social system prohibits flexible workforce management - particularly as production rates fluctuate - competitive productivity/cost improvements cannot be achieved.

Da innerhalb einer Flugzeugfamilie grundlegende Entwicklungen in der Regel für alle Flugzeugtypen zu nutzen sind, ferner die Produktionsanforderungen ähnlich sein dürften, spielen die economies of scope eine große Rolle. Auch deshalb wollen die europäische zivile Großflugzeugindustrie und McDonnell Douglas - um mit Boeing voll wettbewerbsfähig zu sein - über eine Flugzeugfamilie verfügen. Bisher hat Boeing gegenüber den

---

[18] Boeing: International Trade Aspekts of Commercial Aircraft Programs.

Mitkonkurrenten sicherlich Vorteile; die Effekte aus den economies of scale and economies of scope stützen die Position dieses Unternehmens als Marktführer.

2.3.3 Wettbewerbliche Konsequenzen

Zusammenfassend bleibt festzuhalten: Bei der zivilen Luftfahrtindustrie handelt es sich um einen Markt mit einem sehr hohen Wettbewerbsdruck. Die Gesamtnachfrage nach Flugzeugen ist für die Hersteller im wesentlichen ein Datum. Die hohe Markttransparenz führt dazu, daß die angebotenen Flugzeuge aus Sicht der Hersteller gleichwertig sein müssen. Die Gleichwertigkeit ergibt sich aus dem Preis/Leistungsverhältnis einschließlich product support und maintenance. Längerfristige negative Abweichungen in einem dieser Bereiche führen aufgrund der dann zu gewährenden Preisnachlässe zu existentiellen Problemen.

Die hohen Marktzutrittsbarrieren lassen den Markt für zivile Großflugzeuge zu einem "closed shop" der gegenwärtigen drei Anbieter werden. Da die Herstellung ziviler Großflugzeuge aber auch staatlicher Einflußnahme unterliegt, kann gleichwohl nicht gefolgert werden, daß es bei der gegenwärtigen Anbieterkonstellation bleibt. Auf jeden Fall muß ein Newcomer - wie auch das Beispiel Airbus Industrie zeigt - mit einer längeren Verlustphase rechnen: Marktneulinge haben nur eine Chance, wenn ihr Produkt qualitativ deutlich besser oder bei gleicher Qualität bedeutend billiger ist als die Konkurrenzprodukte. Kostenvorteile sind schon wegen der beschriebenen Effekte von economies of scope and scale sowie der Lernkurven als unrealistisch auszuschließen. Hinzu kommen mangelnde Erfahrung des Marktneulings in den Bereichen "product support" und "maintenance". Eine weitere Bedingung ist Vertrauen der Fluggesellschaften in das neue Produkt und die langfristige Konkurrenfähigkeit des neuen Unternehmens. Als weitere potentielle Anbieter kämen wohl nur Unternehmen der UdSSR oder Japans infrage. Diese Länder verfügen am ehesten über das notwendige technologische und/oder wirtschaftliche Potential und haben einen relativ großen heimischen oder beeinflußbaren Markt.

Oligopolitische Märkte mit hoher Markttransparenz und hohen Marktzutrittsbarrieren neigen zu Absprachen der Marktteilnehmer. Unter rein ökonomischen Aspekten könnte Boeing aufgrund seiner Marktposition wohl als einziges Unternehmen einen ruinösen Wettbewerb auslösen. Allerdings wäre das Risiko vor allem aus zwei Gründen schwer kalkulierbar:

- Die Fluggesellschaften werden kaum an der Existenz nur eines Anbieters interessiert sein und im eigenen Interesse versuchen, einer Monopolisierung auf der Angebotsseite entgegenzuwirken. Inwieweit eine Herstellerstützung von der Nachfrageseite gelingen könnte, hängt von der Bereitschaft zur Zusammenarbeit, den Preis- und Qualitätsdifferenzen der Anbieter sowie Spekulationen über die Auswirkungen einer Monopolisierung ab.
- Wegen des staatlichen Interesses an der Flugzeugindustrie ist nicht abzuschätzen, inwieweit in Europa oder den USA die öffentliche Hand bedrohte Unternehmen stützen würde, und dies auch aus verteidigungs- und industriepolitischen Überlegungen.

IV Die gegenwärtig produzierten und geplanten Flugzeuge

1 Die Produktionsprogramme der drei Hersteller

Das Programm von Boeing

Unter den Twin-Aisle-Flugzeugen (wide bodies) ist die 747 das größte der gegenwärtig produzierten Verkehrsflugzeuge. Angeboten werden die Typen 747-200, 747-300 und 747-400. Die 747-400 hat dieselben Fuselage-Ausmaße wie die 747-300, aber - einschließlich der winglets - eine um 211 Fuß größere Flügelspannweite. Das Flugzeug hat im Vergleich zu den früheren 747-Modellen ein "two-man digital flight deck". Sowohl die 747-300 als auch die 747-400 kann 400 Passagiere aufnehmen, doch die Reichweite differiert um 1000 Meilen.

Ein anderes "wide-body-Flugzeug" von Boeing ist die 767; sie wird in zwei Versionen gebaut. Die 767-300 kann je nach Ausführung 210 bis 260, die 767-200 174 bis 216 Passagiere befördern. Eine dritte 767-Version ist mit der 767 X geplant, sie befindet sich in der "development definition"-Phase. Boeing führt bereits Gespräche mit den potentiellen Abnehmern, ob auch eine gestretchte Version der 767 gebaut werden soll oder eine völlige Neuentwicklung anzustreben ist.

Das größte "*Single-Aisle-Flugzeug*" *(narrow bodies)* von Boeing ist die 757-200. Dieses Flugzeug kann in der 2-Klassen Ausführung 186 Passagiere aufnehmen. Das neueste Flugzeug von Boeing ist die 737-500. Der erste Flug fand am 30. Juni 1989 statt, die Zulassung sollte im Februar 1990, die erste Auslieferung im März desselben Jahres erfolgen. Die 735-500 ist das mit 108 Sitzplätzen kleinste Flugzeug der 737-Familie. Dieses Flugzeug soll die nicht mehr in der Produktion befindliche 737-200 ersetzen.

Nach wie vor produziert Boeing die Modelle 737-300 (128 Sitzplätze) und 737-400 (148 Sitzplätze).

Das Programm von McDonnell Douglas:

McDonnell Douglas produziert gegenwärtig zwei Flugzeugtypen, die MD-80 und die MD-11, die aber noch nicht im Einsatz ist. Bei der MD-80 handelt es sich um eine Weiterentwicklung der DC-9, ausgelegt für Kurz- bis Mittelstrecke. Insgesamt gibt es fünf Variationen, von der MD-81 bis hin zur MD-88 mit "technology systems".

Bei der MD-11 handelt es sich um ein Nachfolgemodell der DC-10 für den Mittel- bis Langstreckenbereich. Das Flugzeug wird winglets haben und ein "two-person alldigital flight deck". Geplant sind fünf Varianten: Das Basismodell MD-11, die MD-11 ER mit kürzerer Fuselage aber größerer Reichweite, eine Kombi-Version, einen MD-11 F freighter, und eine MD-11 Super Stretch mit einer Sitzkapazität von 300.

Das Airbus-Programm:

Der erste Airbus war der A 300-B1, der zur 300er Serie führte. Nur der A 300-600 und der A 300-600 R (extended range) blieben von diesem Modell in der Produktion. Der A 300-600 ist ein "twin-aisle wide body" mit 267 Sitzen.

Der A 310 ist ein kürzerer "twin aisle wide body" mit 210 bis 250 Sitzplätzen. Der A 310-200 hat winglets und der A 310-300 ist eine "extended range version".

Die Mitte der neunziger Jahre in Einsatz kommenden A 330, A 340 sind "longer range versions" des A 300 mit fly-by-wire-controls. Dadurch kann je nach Flottengröße die Produktivität der Besatzung von 16 vH bis 23 vH gesteigert werden. Der A 330 kann 335 Passagiere aufnehmen und hat eine Reichweite von 4600 Seemeilen, der A 340-200 hat demgegenüber eine Sitzkapazität für 262 Passagiere, aber eine Reichweite von 6750 Seemeilen.

Die neueste Version der Airbusfamilie ist ein Single-Aisle-Flugzeug, der narrow body A 320. Hier wurde erstmals computerized fly-by-wire (FBW)-controls eingeführt. Dieses Flugzeug ist nun auch als A 320-200 Version erhältlich. Dieser hat winglets, eine höhere Tankkapazität und größere Reichweite. Der A 320-200 hat die Zulassung erhalten von

Joint Airworthiness Authorities (JAA-certification) und von Federal Avialion Administration (FAA-certification).

Der demnächst auf den Markt kommende A 321 ist eine gestretchte Version des A 320 mit 186 Sitzen gegenüber den 150 des A 320.

Current Jet Airliner Programs

Boeing	*Seats*	*Range (nm)*
747-400	400	7,300
747-300	400	6,300
747-200	366	6,600
767-300ER	210	6,230
767-300	260	3,990
767-200ER	174	6,700
767-200	216	3,340
757-200	186	4,600
737-500	110	3,000
737-400	148	2,500
737-300	128	1,615
737-300 (option)	128	2,590
McDonnell Douglas		
MD-11	321	6,850
MD-81	155	1,563
MD-82	155	2,049
MD-83	155	2,500
MD-87	130	2,372
MD-87 (option)	130	2,829
MD-88	142	2,715
Airbus		
A320-200	150	2,850
A321	186	2,500
A300-600	267	4,350
A300-600R	267	4,800
A310	218	4,950
A330	335	4,600
A340-200	262	7,550
A340-300	295	6,750

AIRLINE EXECUTIVE, OCTOBER 1989/DIW

2 Die Konkurrenzsituation bei den Flugzeugtypen

Die Gegenüberstellung der Flugzeuge nach den Kriterien Reichweite und Zahl der Sitzplätze zeigt, welche Flugzeugtypen miteinander in Konkurrenz stehen. Der Aufstellung "Airbus und Konkurrenten" zufolge, konkurriert Airbus im Bereich der "twin-aisle wide body-Klasse" der mittleren Reichweite mit Boeing. Bei den "longer range versions" besteht dagegen ein direktes Konkurrenzverhältnis zu McDonnell Douglas, während bei den "narrow bodies" alle drei Hersteller miteinander im Wettbewerb stehen. In der von der Airbus Industrie herausgegebenen Gegenüberstellung wird mithin keine Konkurrenzsituation zu der 747 Reihe von Boeing hergestellt.

Airbus und Konkurrenten

A 300-600		**B 767-300**
267	Größe (Sitze)	261
8000	Reichweite (km)	10500
1984	Indienststellung	1986
62	Verkäufe	60
29	Lieferungen	16
A 310		**B 767-200**
218	Größe (Sitze)	216
9100	Reichweite (km)	9500
1984	Indienststellung	1983
152	Verkäufe	192
103	Lieferungen	161
A 320		**B 737-300**
150	Größe (Sitze)	128
5850	Reichweite (km)	4250
1988	Indienststellung	1984
287	Verkäufe	590
-	Lieferungen	303
A 320		**B 737-400**
150	Größe (Sitze)	146
5850	Reichweite (km)	4100
1988	Indienststellung	1988
287	Verkäufe	88
-	Lieferungen	-

Fortsetzung

Airbus und Konkurrenten

A 320		**MD-80**
150	Größe (Sitze)	146
5850	Reichweite (km)	4500
1988	Indienststellung	1980
287	Verkäufe	636
-	Lieferungen	393

A 320		**B 7J7**
150	Größe (Sitze)	140-165 (?)
5850	Reichweite (km)	5100/4100
1988	Indienststellung	1993 (?)
287	Verkäufe	Projekt
-	Lieferungen	-

A 330		**MD-11-MR**
328	Größe (Sitze)	
9250	Reichweite (km)	12600 ?
1993	Indienststellung	1990
12	Verkäufe	-
-	Lieferungen	-

A 340-200/-300		**MD-11**
262/295	Größe (Sitze)	262/321
14250/12700	Reichweite (km)	14250/12600
1992	Indienststellung	1990
56	Verkäufe	20
-	Lieferungen	-

Source: Airbus Industrie

Die Abbildung "Boeing-, McDonnell Douglas-AI-Programmspektrum" verdeutlicht die Versuche der Verkehrsflugzeughersteller, ihre Modelle auf ein bestimmtes Marktsegment hin auszurichten (vgl. Abbildung IV, 2/1). Ein sehr enges Feld zeigt sich im Bereich der Flugzeuge mit einer Sitzplatzkapazität von 100 bis etwa 150 Sitzen und einer Reichweite bis zu 5000 km. Offensichtlich ist hier der Markt groß genug, daß es für jeden der drei Hersteller lohnend erscheint, mit eigenen Entwicklungen auf den Markt zu kommen. Mit zunehmender Größe und Reichweite der Flugzeuge nimmt die Zahl der auf den Teilmärkten einsetzbaren Flugzeuge ab. Sehr deutlich wird dies im Bereich der Flugzeuge von 250 Sitzen aufwärts. Hier gibt es ein weiteres Feld, in dem - mit Ausnahme der 747 SP von Boeing - McDonnell Douglas und Airbus miteinander konkurrieren. Für den Teilmarkt der ganz großen Flugzeuge mit über 400 Sitzplätzen hat Boeing dagegen mit der 747-Baureihe offensichtlich eine Monopolstellung.

Abb. IV, 2/1

Boeing-, McDonnell Douglas-, Airbusprogrammspektrum

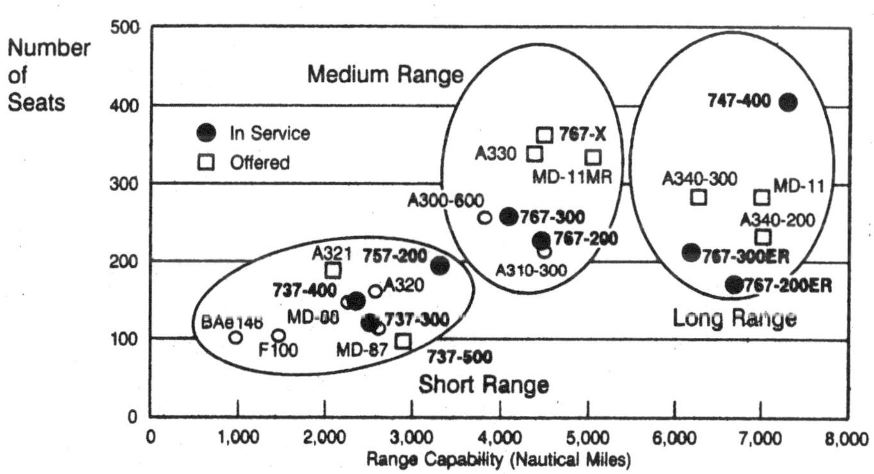

Quelle: Current Market Outlook, Boeing, Februar 1990.

Wie durchlässig die Teilmärkte sind, hängt u.a. davon ab, wie sich die operating costs verändern, wenn Flugzeuge nicht ihrer Auslegung entsprechend eingesetzt werden. Die Flugzeughersteller versuchen, über Produktvariationen in From von "Derivatives" oder durch "Stretchen" eine Optimierung für spezifische Einsatzfelder zu erreichen.

Zu beachten sind auch indirekte Konkurrenzmechanismen, die z.B. relevant sind, wenn Flugzeuge neue Streckenführungen zulassen, die mit dem bisherigen Flugzeugangebot nicht kostendeckend beflogen werden können. McDonnell Douglas und Airbus Industrie versuchen, mit den jetzt auf den Markt kommenden Langstreckenflugzeugen, Liniendienste für Langstrecken auch bei geringerem Passagieraufkommen rentabel zu machen. Damit erhoffen sich die beiden Hersteller zumindest in Teilbereiche des von Boeing mit der 747 beherrschten Marktes einzudringen.

3 Flugzeuge im Einsatz

Am ersten Januar 1989 waren nach Angaben von MBB 7460 Düsenverkehrsflugzeuge im Einsatz, davon 5515 "single-aisle" und 1945 "twin-aisle". Bei dieser Zählung sind Flugzeuge mit 65 und mehr Sitzen berücksichtigt worden.

Die Aufstellung zeigt ebenfalls die Dominanz von Boeing. Flugzeuge dieses Unternehmens haben am gesamten Bestand einen Anteil von 55 vH. Das Bild verschiebt sich weiter zugunsten von Boeing, wenn neben der Stückzahl der Preis in die Betrachtung einbezogen wird. Das teuerste Flugzeug ist die 747 von Boeing. Mit 680 im Einsatz befindlichen Flugzeugen hat dieses Modell allein einen Marktanteil von 9 vH. Aber auch die Airbus Industrie hat sich - wie die Aufstellung zeigt, in der "wide body-class" mit mehr als 400 Flugzeugen des Typs A 300/A 310 inzwischen gut etabliert.

Im Dienst befindliche Flugzeuge mit 65 und mehr Sitzen
- Stand 1.1.1989 -

Aircraft Type	Number in Operation
F 28, BAe 146, Fo 100	290
BAC 111, Caravelle	210
DC-9 (all series)	725
B737-100/-200	1020
B737-300/-400	500
MD-80 (all series)	565
B727-100/-200	1450
A320	15
B757	200
B767-200/-300	245
A310/A300	420
DC-10 (all series)	370
L1011 (all series)	230
B747 (all series)	680
--	
TOTAL	7460

Quelle: MBB

V Die Airbus Industrie

Nach dem Überblick über den Markt für zivile Verkehrsgroßflugzeuge, die Konkurrenzsituation und die Produktpalette soll nun die Airbus Industrie näher analysiert werden. Dieses Unternehmen weist viele Besonderheiten auf, die es zunächst zu erläutern gilt, bevor auf die Wettbewerbsfähigkeit der europäischen Luftfahrtindustrie und deren Perspektiven im einzelnen eingegangen wird.

1 Die Entstehung der Airbus Industrie

Mitte der sechziger Jahre setzte in Europa die Diskussion um die "technologische Lücke" zwischen beiden Seiten des Atlantiks ein. In der als technologische Schlüsselindustrie angesehenen Luftfahrtindustrie verlor Europa gegenüber den USA zunehmend an Wettbewerbsfähigkeit. In Großbritannien ging in der zweiten Hälfte der sechziger Jahre die Beschäftigung in der Luftfahrtindustrie von 256 000 (1967) auf 200 000 (1970) zurück. Die französische Luftfahrtindustrie hatte zu dieser Zeit nur halb soviel Beschäftigte. Italien und die Bundesrepublik Deutschland befanden sich nach Aufhebung des Flugzeugbauverbots als Folge des zweiten Weltkriegs erst in der Wiederaufbauphase. Insgesamt zählte man 1968 rund 440 000 Beschäftigte in der gesamten europäischen Luftfahrtindustrie gegenüber 1,4 Millionen in den Vereinigten Staaten. Darüber hinaus hatten die Großunternehmen jenseits des Atlantiks die besseren Produktionsbedingungen, größere Serien und geringere Arbeitskosten je Produkteinheit.

Neben der regionalen Zersplitterung schwächte in Europa auch die projektbezogene Zersplitterung der Ressourcen auf konkurrierende zivile und militärische Projekten die Wettbewerbsposition. Wenn die europäische Luftfahrtindustrie den Anschluß an die USA im Bereich Großraumflugzeuge nicht endgültig verpassen wollte, dann mußte sie von ihrer vorwiegend national ausgerichteten Politik abgehen. Hinzu kam, daß die britische und französische Luftfahrtindustrie für ihre Trident und Caravelle Nachfolgemodelle benötigten.[19]

An dem Airbusprogramm waren zunächst Großbritannien, Frankreich und die Bundesrepublik Deutschland beteiligt. Großbritannien entschied sich aber dann für das Projekt BAC-311 und schied 1969 aus dem Airbusprogramm aus. Am 29. Mai 1969 unterzeichneten der französische Verkehrsminister, Jean Chamot, und der deutsche Wirtschaftsminister, Karl Schiller, ein Abkommen, wonach die Kooperation im Flugzeugbau zwischen beiden Ländern verstärkt werden sollte. Trotz nochmaliger Aufforderung, sich an dem Airbus-Projekt zu beteiligen, sagte die britische Regierung definitiv ab. Gleichzeitig stornierte sie aber auch das Projekt BAC-311, bei dem es sich um ein Konkurrenzmodell zu dem geplanten Airbus gehandelt hätte.

Diese Vorgeschichte zur Gründung der Airbus Industrie - sie erfolgte am 12. Dezember 1970 in Paris - ist ein Spiegelbild der Interessenskonflikte in Europa. Eine Kooperation zwischen Frankreich und England scheiterte wohl vor allem deshalb, weil die Luftfahrtindustrien beider Länder ein etwa gleiches technologisches Niveau hatten und befürchtet wurde, daß der Führungsanspruch an den Partner verloren gehen könnte. Demgegenüber fiel eine Kooperation mit der Bundesrepublik Deutschland leichter, da der Partner zwar wirtschaftlich potent war, aber aufgrund seiner erst im Aufbau befindlichen Luftfahrtindustrie nur die Rolle des Junior-Partners beanspruchen konnte.

Die Airbus Industrie wurde als Groupement d'Intérêt Economique (GIE) gegründet. Gesellschafter waren zunächst Aérospatiale (Frankreich) und Deutsche Airbus GmbH. Bei dieser 1967 in Frankreich geschaffenen Rechtsform behalten die Beteiligten weitgehend ihre wirtschaftliche und technologische Unabhängigkeit. "It is a form of partnership designed to allow the partners to expand their operation and exchange their profitability, but not to give rise of itself to the making of profits. Airbus Industrie was established to coordinate the technical, industrial and financial activities of the various participants in the Airbus aircraft programs, to market airplanes, and to provide world

[19] Vgl. dazu: Andreas Karweger: Kooperation der europäischen Luftfahrtindustrie bei der Entwicklung des Airbus.

wide product-support. Airbus Industrie ist not some sort of multinational government merger. Infact, there are no direct links between Airbus and the governments of the countries of the shareholders. Each partner is a commercial entity in its own right."[20] Mit dieser nichtpublizitätspflichtigen Rechtsform einigte man sich damals sozusagen auf den kleinsten gemeinsamen Nenner, auf dessen Basis eine Kooperation möglich erschien.

Am 23. Dezember 1971 wurde die spanische Beteiligung am Airbus-Projekt mit der Teilnahme der Construcciones Aeronauticas S.A. (CASA) vereinbart. CASA erhielt in der deutsch-französichen Gesellschaft eine Beteiligung von 4,2 %. Diese Zusammensetzung des Airbus-Konsortiums blieb über sieben Jahre unverändert, bis sie 1979 gleich zweimal erweitert wurde. Die belgische Luftfahrtindustrie wurde mit dem neu gegründeteten Konsortium Belairbus Unterauftragnehmer, und die britische Industrie erwarb, zehn Jahre nach ihrem Austritt, erneut die Mitgliedschaft an dem Airbus-Projekt. Für den Wiedereintritt nennt Karweger mehrere mögliche Gründe: "Das Geschäft mit der amerikanischen Eastern Airlines versprach Exportchancen auf dem amerikanischen Markt; die Lufthansa hatte soeben weitere 25 Airbusse (A 310) geordert; und der Flugzeugmarkt wies Zuwachsraten von über 8% auf."[21]

---

[20] Adam Brown: International Competition in the Commercial Jet Industry - the Airbus Industrie Riposte.

[21] Andreas Karweger: a.a.O., S. 23

2 Die Airbus Industrie heute

In der Airbus Industrie GIE mit Sitz in Toulouse, Frankreich, sind beteiligt mit Anteilen:

Aérospatiale (Frankreich)	37,9 %
Deutsche Airbus GmbH	37,9 %
British Aerospace (BAe)	20,0 %
CASA (Spanien)	4,2 %

Aérospatiale ist eine "Societé Nationale Industrielle (SNI), die sich zu 100 % in Staatsbesitz befindet - 75 % durch Direktbeteiligung und die restlichen 25 % über die staatseigene Aerospace Investment Group.

Deutsche Airbus GmbH ist keine produzierende Gesellschaft. Sie befand sich im Eigentum von MBB mit Beteiligungen des Bundes und einzelner Bundesländer. Durch den Einstieg der Daimler Benz AG bei MBB im Jahre 1989 und die Gründung der Deutschen Aerospace (Dasa) wurde der staatliche Einfluß zugunsten des privatwirtschaftlichen zurückgedrängt, die Anteile an der Deutschen Airbus GmbH gingen auf die neu formierte Deutsche Aerospace über.

British Aerospace (BAe) ist eine Aktiengesellschaft, bei der aber aus Gründen ihrer Bedeutung für die nationale Verteidigung die Regierung nicht nur ein spezifisches Interesse hat, sondern auch hinsichtlich ausländischer Anteilsübernahmen eine Kontrollfunktion ausübt.

Die Eigentumsverhältnisse der wichigsten Airbus Industrie-Partnerunternehmen zeigen, daß bei diesem Unternehmen zumindest die Möglichkeit einer starken politischen Einflußnahme besteht bzw. bestand. Hinzu kommt eine Besonderheit: Die Anteilseigner sind gleichzeitig auch die wichtigsten Auftragnehmer. Ihre Zulieferungen an die Airbus Industrie erfolgen auf der Basis ausgehandelter Preise, wobei der Arbeitsanteil in Relation zu dem jeweiligen Kapitalanteil steht. Adam Brown dazu: "The financial results of each partner's participation in the Airbus programs therefore embrace two distinct elements; its percentage share in the results of the overall enterprise, and its financial results as a risk-sharing industrial subcontractor." (Abbildung V, 2/1)

Abb. V. 2/1

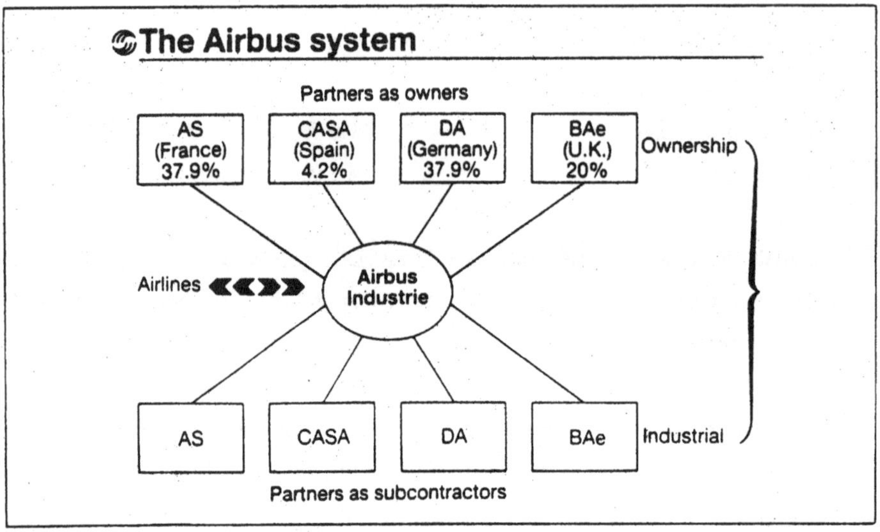

Quelle: International Competition in the Commercial Jet Industry, Airbus Industrie, 1988.

Zwischen den Airbus Partnern hat sich inzwischen eine relativ klare Arbeitsteilung herauskristallisiert. Aérospatiale ist hauptsächlich zuständig für das Cockpit und die Endmontage (final assembly line), MBB für den Rumpf und die Innenausstattung, British Aerospace für den Flügel und CASA für das Höhenleitwerk. Produziert wird an sieben Standorten in Europa. Der Transport zwischen den Standorten wird mit dem Airbus-Skylink-System unter Verwendung von 4 sog. Guppy-Transportflugzeugen durchgeführt. Eine neue Arbeitsteilung hat sich mit dem A 321 ergeben. Bei diesem Flugzeug handelt es sich um eine gestreckte Version des A 320. Seine Endmontage wird bei MBB im Hamburg-Finkenwerder stattfinden. Dafür übernimmt zum Ausgleich Aérospatiale die Innenausstattung der A 330/A 340 (vgl. Abbildung V, 2/2).

Abb. V, 2/2

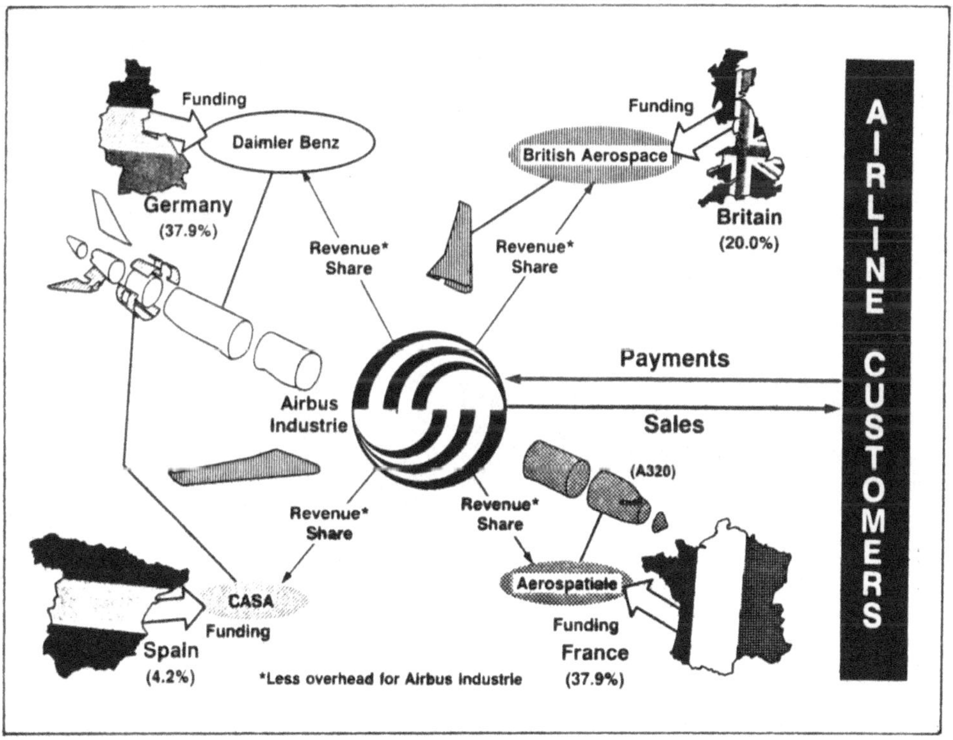

Quelle: Airbus Industrie.

Die Triebwerke - sie haben am Wert des gesamten Flugzeugs einen Anteil von etwa 30 % und werden von den Nachfragern ausgewählt - sind bislang vorwiegend amerikanischen Ursprungs. Lieferanten sind General Electric (GE), CFM-International, PMA Pratt and Whitney. Für das Langstreckenflugzeug A 330 ist auch der dritte große Triebwerkhersteller, das britische Unternehmen Rolls Royce (RR) Anbieter.

Die Airbus Industrie plant, die Kapazitäten bis 1993 weiter auszubauen. Wurden 1987 erst 38 Flugzeuge hergestellt, so sollen es den Planungen zufolge 1993 bereits 162 sein. Relativ konstant mit 84 bzw. 88 Stück jährlich ist den Planungen zufolge die Produktion des A 320 (Abbildung V, 2/3).

Abb. V, 2/3

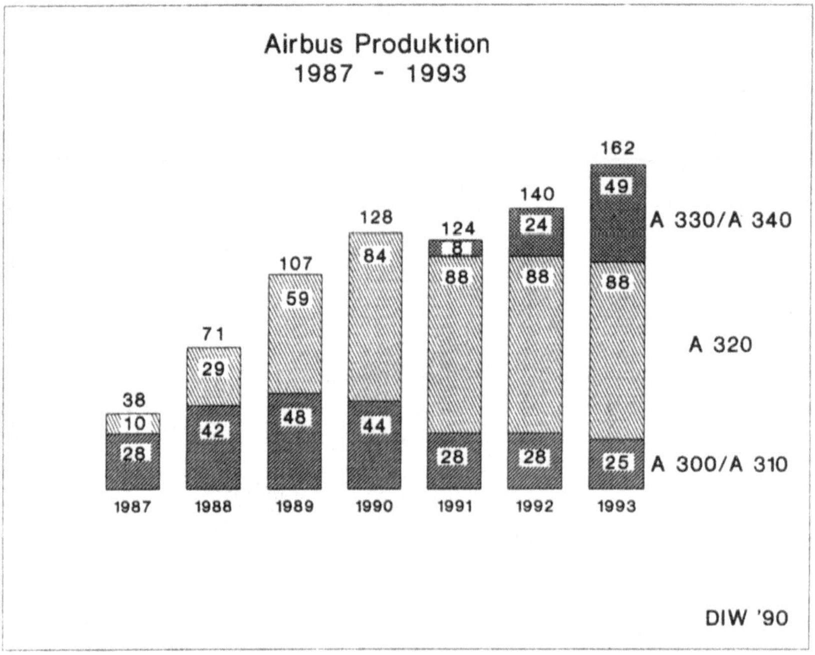

Quelle: Airbus '89, Airbus Industrie.

3 Strukturelle Veränderungen innerhalb der Airbus Industrie

Mit den steigenden Produktions- und Absatzzahlen stellte sich die Frage nach der effizienten Organisationsstruktur der Airbus Industrie. Bisher tagte der Präsident der Airbus Industrie zweimal jährlich zusammen mit den etwa 20 senior managers des Aufsichtsrates, um Entscheidungen zu ratifizieren, die andernorts getroffen worden waren. Dieser Modus erschien in Anbetracht höherer Produktion, zunehmender Marktanteile und vor dem Hintergrund internationaler Konkurrenz nicht mehr zeitgemäß. Eine Kommission sollte Reformvorschläge entwickeln. In ihrem im April 1988 vorgelegten Bericht führen Jacques Benichou e.a. aus, daß die Verkaufserfolge des Airbus größer als erwartet seien. It represents a success for

- a new kind of European cooperation;
- technological achievement; and
- a remarkable commercial strategy.

It is not yet an economic success. In this regard, it must be borne in mind that no aircraft company can be successful until it has produced a large number of aircraft. All aircraft manufacturers record losses in the early stages of programmes; Airbus is still at too early a stage in most of its programmes to have reached a break-even point.

Moreover, Airbus has had to compete for market shares in a market dominated by aggressive US manufacturers, particularly Boeing.

But in addition to these inherent problems of the aerospace industry, problems have arisen from a certain lack of adaptability and organisational efficiency in the Airbus organisation.

The numerous previous studies of the Airbus system have exposed three major problems:

a) a lack of correlation between the marketing of Airbus programmes (sales and support are essentially an Airbus Industrie responsibility) and the financial aspects of the programmes (the four industrial partners negotiate their prices amongst themselves and with Airbus Industrie but do not communicate their actual costs to each other or to Airbus Industrie);

b) the absence of an overall balance-sheet at the level of Airbus Industrie and hence of the governments, in order to bring forth objective decision-making criteria; and

c) the unwieldy organisation, with decisions requiring the agreement of partners holding 81 % of the shares - in effect a unanimity requirement - and the predominance of committees.

All the different studies and reports conducted so far have reached similar conclusions; what is required is an Airbus Industrie structure which would be more responsible for all parts of the programmes, more concerned with profit and loss, and less dependent in its day-to-day operation on each industrial partner (MBB, Aérospatiale, British Aerospace, CASA). The partners, on the other hand, need to control more closely Airbus Industrie's decisions, since they bear all the risk.[22]

Die Kommission kam zu folgenden zusammengefaßten Ergebnissen:[23]

Airbus as a public limited company

- Airbus is not yet suited for reconstitution as a PLC, but such a development can be envisaged in the future, particularly after 1992, assuming sensible reform of the management structure in the intervening period;

---

[22] Jacques Benichou, Emilio Gonzalez Garcia, Peter Pfeiffer, Sir Jeffrey Sterling: A Report on the Airbus System, April 1988, S. 4 ff.

[23] Jacques Benichou et al. a.a.O. ...S. 2 ff.

A new management structure for Airbus:

- it is necessary for the partners and Airbus to consider how relationships between them may be simplified;
- reconstitute Supervisory Board of Airbus as the main instrument of overall policy control;
- the partners to be represented on the Supervisory Board at the most senior level;
- Airbus' Executive Board to report to the Supervisory Board through the chairman of the Executive Board;
- day-to-day management of Airbus, as far as possible to mirror that of a public company;
- day-to-day responsibility for implementing system to rest with a managing director who is chairman of an Executive Board;
- a new post of financial director to be created, the holder to report direct to the Supervisory Board and to be a member of the Executive Board: he will control a central accounting function comparable with that of the head office of a PLC;
- the financial director to ensure full open accounting throughout the Airbus system;
- the financial director to have mandatory right to full details of partners' programme costs, invoiced prices and profits and losses arising from Airbus work;
- the Executive Board to consist of a senior manager of each partner, a managing director, who will also be 'administrateur gérant' of the G.I.E., a finance director and a commercial director; responsible for sales, marketing and after-sales;

Decision-making processes:

- Supervisory Board to meet at least quarterly;
- Executive Board to meet at least monthly;

  Board decisions to be reached by consensus or by vote as appropriate;
- partners must accept binding nature of Executive Board decisions;
- reserving of jobs for particular nationalities should cease;

Finance and management issues:

- profits and losses should be shared by partners in proportion to invoiced workshares;

- for speed of decision-making, it is necessary for a small proportion of development funds - say 5 % of total development costs - to be made available by the Supervisory Board for use at the discretion of the Executive Board for modification work;
- a strong element of flexibility on contracts between partners should be introduced;
- where appropriate, Airbus should consider direct purchasing of equipments;

Recommendations to governments:

- consider reform of the system of territoriality of equipment supply, particularly when equipment development ceases to be mainly funded by governments;
- consider the founding of a European export credit agency.

Der Bericht der Kommission führte zu Veränderungen in der Organisationsstruktur. Wie die Kommission realistisch einschätzte, wurde die Rechtsform des "Groupement d'Intérêt Economique" beibehalten. Mit Wirkung vom 1. April 1989 trat aber eine neue Satzung in Kraft. Die Veränderungen betreffen wesentlich

- die Struktur des höheren/oberen Management,
- die Schaffung eines Vorstandes (Executive Board)
- die Zusammensetzung sowie die Anzahl der Mitglieder des Aufsichtsrates.

Der Aufsichtsrat besteht aus fünf Mitgliedern und bleibt das wichtigste Kontrollorgan für die gesamte Geschäftspolitik der Airbus Industrie. Er ist für strategische Entscheidungen sowie die laufenden und künftigen Airbus-Programme verantwortlich. Neben dem Aufsichtsratsvorsitzenden sind in ihm die vier Partnerunternehmen durch ihre Präsidenten bzw. Geschäftsführer vertreten.

Ein Geschäftsführer - Managing Director oder Administrateur Gérant - ist Vorsitzender des neuen Vorstandes (Executive Board) von Airbus Industrie. Sein erweiterter Verantwortungsbereich umfaßt nunmehr die Koordination des kommerziellen Bedarfs von Airbus Industrie einerseits mit der wirtschaftlichen und industriellen Leistungsfähigkeit der vier Partner andererseits. Die neugeschaffene Stellung eines Chief Operating Officer, verantwortlich für die tägliche Geschäftsabwicklung von Airbus

Industrie, ersetzt die bisherige Position des Executive Vice President und General Manager.

Eine neue Position wurde mit dem Financial Director geschaffen, der für ein transparentes Rechnungswesen verantwortlich ist. Er soll Zugang zu allen Informationen über die bei den Partnern der Airbus-Programme entstehenden Kosten haben.

Ein aus sieben Mitgliedern bestehender Vorstand (Executive Board) hat die Aufgabe, im Rahmen der vom Aufsichtsrat gesetzten Grenzen das Konsortium zu kontrollieren. Die Positionen "Managing Director of the Airbus Industrie", Chief Operating Officer" und "Financial Director" haben Personen inne, die keine direkte Funktion in einer der Partnerunternehmen ausüben. Die übrigen vier Vorstandsmitglieder werden dagegen von Repräsentanten der jeweiligen Airbus-Partnerunternehmen gestellt (vgl. Abbildung V, 3/1).

Ziel dieser Maßnahmen war es, über eine Vereinfachung und Straffung des Beziehungsgeflechts zwischen Airbus Industrie und den vier Partnerunternehmen die Rentabilität der Airbus Industrie zu steigern. Eine strengere Kontrolle der Programmkosten sollte dazu beitragen, daß die Wettbewerbsposition des Unternehmens auf dem Weltmarkt sich verbessert und die Gewinnzone schneller erreicht wird.[24] Es besteht heute weitgehend Konsens darüber, daß die damals vorgeschlagenen und inzwischen erfolgten Strukturveränderungen noch nicht ausreichen. Im folgenden soll deshalb zunächst auf einige den Wettbewerb bestimmende Faktoren vertiefend eingegangen und die Effizienz der gegenwärtigen Struktur hinterfragt werden.

[24] Zur neuen Organisationsstruktur vgl. Airbus 89, S. 4.

Abb. V, 3/1

The Recommended Management Structure for Airbus Industrie G.I.E.

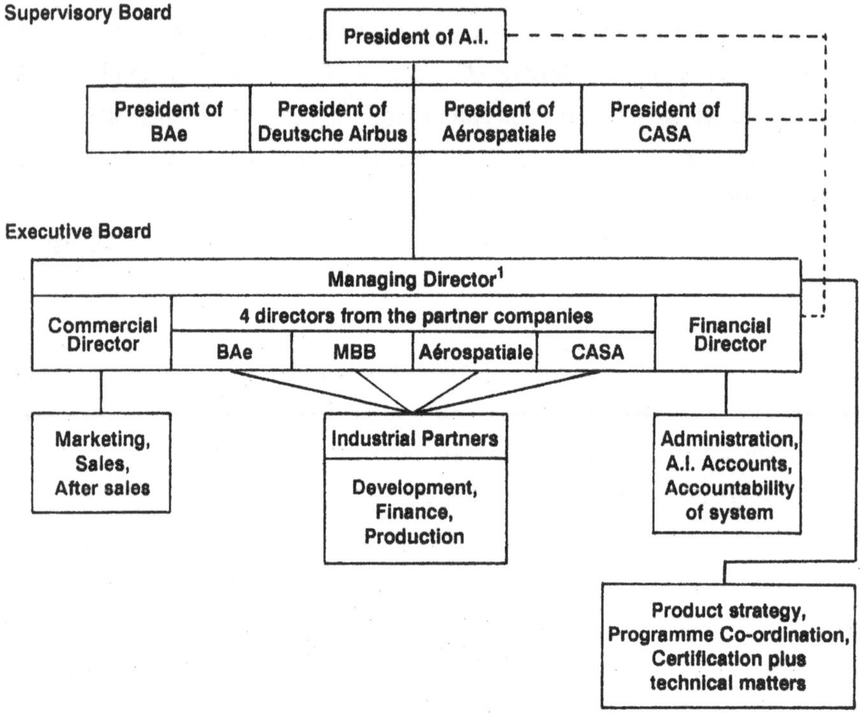

[1] While A.I. continues as a G.I.E. the managing director should also be Administrateur Gérant

Quelle: Jacques Benichou et al.: A Report on the Airbus System, April 1989.

4 Wettbewerbsfähigkeit der Airbus Industrie

4.1 Zur Messung der Wettbewerbsfähigkeit

Die Zahl verkaufter Flugzeuge oder die Entwicklung von Marktanteilen sind nur Grobindikatoren für die Wettbewerbsfähigkeit der Airbus Industrie. Dies gilt insbesondere deshalb, weil nicht bekannt ist, inwieweit die Markterfolge zu kostendeckenden Produktpreisen erzielt wurden bzw. in absehbarer Zeit erzielt werden können. Außerdem spielt die aktuelle Marktsituation für die Beurteilung eine starke Rolle.

Der in der zweiten Hälfte der achtziger Jahre einsetzende und nach wie vor anhaltende Nachfrageboom hat für den Marktneuling Airbus äußerst gute Bedingungen geschaffen. Die zunächst nur in geringer Stückzahl produzierten und ausgelieferten Flugzeuge konnten in der Praxis ihren Tauglichkeitsnachweis erbringen. Mit dem Vertrauen in das Produkt wuchs bei den potentiellen Nachfragern die Bereitschaft zum Kauf in einer Situation, die als "Verkäufermarkt" zu bezeichnen ist: Die Nachfrage übersteigt bei weitem die Produktionskapazitäten der drei Hersteller mit der Konsequenz langer Lieferzeiten und der Entwicklung der Marktanteile in Abhängigkeit vom Ausbau der Produktionskapazitäten.

Wie wettbewerbsfähig die Airbus Industrie tatsächlich ist, wird sich mithin erst in einer Marktsituation zeigen, in der die Unterehmen bei freien Produktionskapazitäten um Marktanteile konkurrieren. Wie bereits beschrieben, sind dann Produktqualität, Umsatzgröße, Gewinnspanne und Flexibilität des Unternehmens wichtige Parameter. Zur Beurteilung der Wettbewerbsfähigkeit sind mithin gegenwarts- sowie zukunftsorientierte Indikatoren einzubeziehen. Dabei handelt es sich um ökonomische Größen (Gewinn, Umsatz, Unternehmensstrategie), technische Komponenten (Produktqualität, Fähigkeit zur technischen Anpassung und Weiterentwicklung) sowie Faktoren der wirtschaftlichen Macht.

Auf die besondere Marktkonstellation mit Boeing als Marktführer (komplette Flugzeugfamilie, hoher Marktanteil, Tradition sowie finanzielle Polster) wurde bereits eingegangen. Die Frage nach der Produktqualität, der Technologie wurde u.a. in

Zusammenhang mit den Marktzutrittsbarrieren erörtert. Dort wurde herausgearbeitet, daß die Flugzeuge des Marktnewcomers schon allein aufgrund der zunächst geringen Stückzahl und der Lernkurveneffekte sowie der sehr langen Amortisationszeiten bei gleicher Qualität nicht billiger sein können als schon auf dem Markt befindliche Flugzeuge der Konkurrenz. Die Marktzutrittsbarriere ist letztlich nur zu überspringen, wenn das neue Flugzeug in Technik, Qualität und Rentabilität überlegen ist.

Die Airbus Industrie hat auf verschiedenen Gebieten technologisches Neuland beschritten. Diese Erstinnovationen können im Rahmen dieses Gutachtens nicht bewertet, sondern nur als solche in ihrer zeitlichen Verwirklichung aufgeführt werden.

Um zusätzliche Informationen hinsichtlich der Konkurrenzfähigkeit des Airbus zu erhalten, wurden Gespräche mit führenden Repräsentanten von drei Flugverkehrsgesellschaften geführt. Davon hatten zwei ihren Standort in Europa, eine in Asien. Auch wenn die hier gewählte Stichprobe sehr klein ist, geben die Antworten gleichwohl zusammen mit anderen Informationen wie Veröffentlichungen, Gespräche mit Repräsentanten der Industrie einen guten Einblick in Problemstellungen und Wettbewerbsfähigkeit des Airbus.

Im Anschluß an die Betrachtung der Wettbewerbssituation des Airbus aus der Perspektive der Nachfrager wird auf die Produktion sowie die Produktionskosten des Airbus im Vergleich zu den Konkurrenten - soweit wie dies im Rahmen dieser Untersuchung möglich ist - eingegangen.

4.2 Erstinnovationen beim Airbus

Der Bau eines Verkehrsflugzeugs ist mit hohen Entwicklungs- und Vorlaufkosten verbunden. Für Ideensuche, Produktdefinition und Entwicklung werden in dieser Branche bis zu zehn Jahre veranschlagt. Die gesamte Programmlaufzeit einschließlich des Product Support - wie bereits im Kapitel II, 3.2.4 ausgeführt - wird auf etwa 50 Jahre veranschlagt. Die hohen Entwicklungskosten erfordern, daß bei neu konzipierten Flugzeugen technische Lösungen verwirklicht werden, die trotz rapider technologischer Entwicklung einen Einsatz über lange Zeiträume garantieren. Das heißt aber nicht, daß das Flugzeug über den gesamten Zeitraum unverändert bleibt. Modernisierungen können später vor allem in Bereichen der Ausrüstung, Avionik, Bordunterhaltungselektronik sowie bei den Triebwerken vorgenommen werden. Dagegen ist der sehr entwicklungsintensive und entsprechend kostenintensive Flügel, einmal entwickelt, kaum noch zu ändern. Mit Abstrichen gilt dies auch für die Zelle.

Als Marktneuling war die Airbus Industrie mithin nicht nur gezwungen, vollkommen neue Flugzeuge zu entwickeln, sondern mußte gleichzeitig versuchen, modernste Technologie umzusetzen. In dem Airbusprogramm wurden die folgenden Erstinnovationen verwirklicht.

1974	Auslegung als zweistrahliges Großraumflugzeug mit zwei Gängen
	Fortschrittlicher Tragflügel mit hoher Hinterkantenbelastung
	Automatische Triebwerksleistungsregelung während des gesamten Fluges
	Automatisches Schwerwindschutzsystem
1977	Automatisches Landesystem Cat III A (fail operational)
1982	Digitales automatisches Flugsteuerungssystem
	Zweimann-Cockpit in einem Großraumflugzeug
1983	Fortschrittliche Bildschirmanzeigen im Cockpit mit zentralem, elektronischem Flugzeugüberwachungssystem
	Elektrische Steuerung der gesamten sekundären Flugsteuerung
1985	Faserverbundwerkstoffe in der Primärstruktur

Kraftstofftrimmtank zur Steuerung der Schwerpunktlage für die Reduzierung des Luftwiderstandes im Reiseflug

1988 Automatisches digitales Flugsteuerungssystem der zweiten Generation
Computergesteuerte Flugsteuerung
Seitlicher Steuerhandgriff

Quelle: Airbus Industrie

4.3 Wettbewerbsfähigkeit aus Sicht der Fluggesellschaften

4.3.1 Allgemeine Einschätzungen

Grundsätzlich gehen die Fluggesellschaften von einer weiter steigenden Nachfrage nach Flugverkehrsleistungen aus. Sie bestätigen im wesentlichen die in Kapitel III, 1.3 dargestellten Prognosen der Marktentwicklung. Erwartet wird, daß die Zuwachsraten

- bei der Luftfracht stärker zunehmen als in der Personenbeförderung und
- bei den einzelnen Routen unterschiedlich sind.

Höchste Zuwachsraten werden im Verkehr mit Asien erwartet, gefolgt von den USA und Europa. Das Schlußlicht bilden Afrika und Lateinamerika.

Die optimistische Einschätzung geht nach Auskunft der Fluggesellschaften auch darauf zurück, daß die bisherigen Prognosen sich als zu pessimistisch erwiesen hatten und nach oben revidiert werden mußten. Trotz der insgesamt guten Marktperspektiven werden - allerdings vorübergehende - Nachfrageeinbrüche nicht ausgeschlossen. Relativ sicher seien die Bestellungen großer Airlines. Diese hätten in der Regel bis zu zwei Jahre vor der geplanten Auslieferung Möglichkeiten, den Vertrag zu ändern. Anders ist die Situation bei kleinen Airlines und Leasinggesellschaften. Leasinggesellschaften könnten als reine Handelsunternehmen mit relativ geringem Eigenkapital im Falle eines Nachfrageeinbruchs kaum zur Vertragseinhaltung gezwungen werden. Aus diesem Grunde hätten die Hersteller das Bestellvolumen der Leasingfirmen auf 20% der Gesamtproduktion beschränkt. An einen sich verschärfenden Preiswettbewerb glaubt man indes nicht. Schon heute werde um jeden Auftrag gekämpft. Die Zeiträume, nach denen alte Flugzeuge durch neue ersetzt werden, sind von Airline zu Airline verschieden. Neben einer generellen, auch durch das Image bestimmten, Politik sind Entscheidungsvariablen

- Wartung- und Reparaturkosten
- Abschreibung
- Lohnkosten
- Treibstoffverbrauch
- Kapitalkosten
- Systemkompatibilität

Bei der Betrachtung der Kapitalkosten stellt sich vor allem die Frage nach Instandhaltung versus Neuanschaffung. Bei der Durchsetzung höherer Flugzeugpreise aufgrund besserer Technologie gelte die Faustregel, wonach ein um 1 Mill. ECU höherer Anschaffungspreis zu Senkungen bei den Betriebskosten von 2 Mill. ECU führen müsse. Solche Relationen könnten nach Aussage einer Fluggesellschaft aber nur mit einem neuen "Wurf" gelingen. Die "Direct Operating costs" (DOC) teilen sich je nach Kurzstrecken- oder Langstreckenflugzeug entsprechend Abbildung V, 4.3.1/1 auf.

Etwa die Hälfte der DOCs entfallen auf Kapital- und Kraftstoffkosten. In Anbetracht relativ geringer Treibstoffpreise dürften nach Aussagen von Fluggesellschaften und Herstellern technologisch aufwendige Entwicklungen zur Senkung des Treibstoffverbrauchs wie das Propfantriebwerk gegenwärtig kaum rentabel sein. Eher spielen Umweltaspekte wie Lärmentwicklung eine Rolle. Anders war - so die Aussage eines Airlinerepräsentanten - die Situation in den 70er Jahren. In dieser Zeit war Treibstoff relativ teuer, Kapital dafür billig. Technische, den Treibstoffverbrauch reduzierende Entwicklungen hatten damals größere Aussichten, vom Markt honoriert zu werden. Dies dürfte eine Erklärung dafür sein, weshalb die amerikanischen Hersteller lange Zeit ihre Wettbewerbsposition mit Maßnahmen wie Produktverbesserung bzw. Produktvariation zu verteidigen suchten, auf umfassende Neuentwicklungen aber verzichteten.

Abb. V, 4.3.1/1

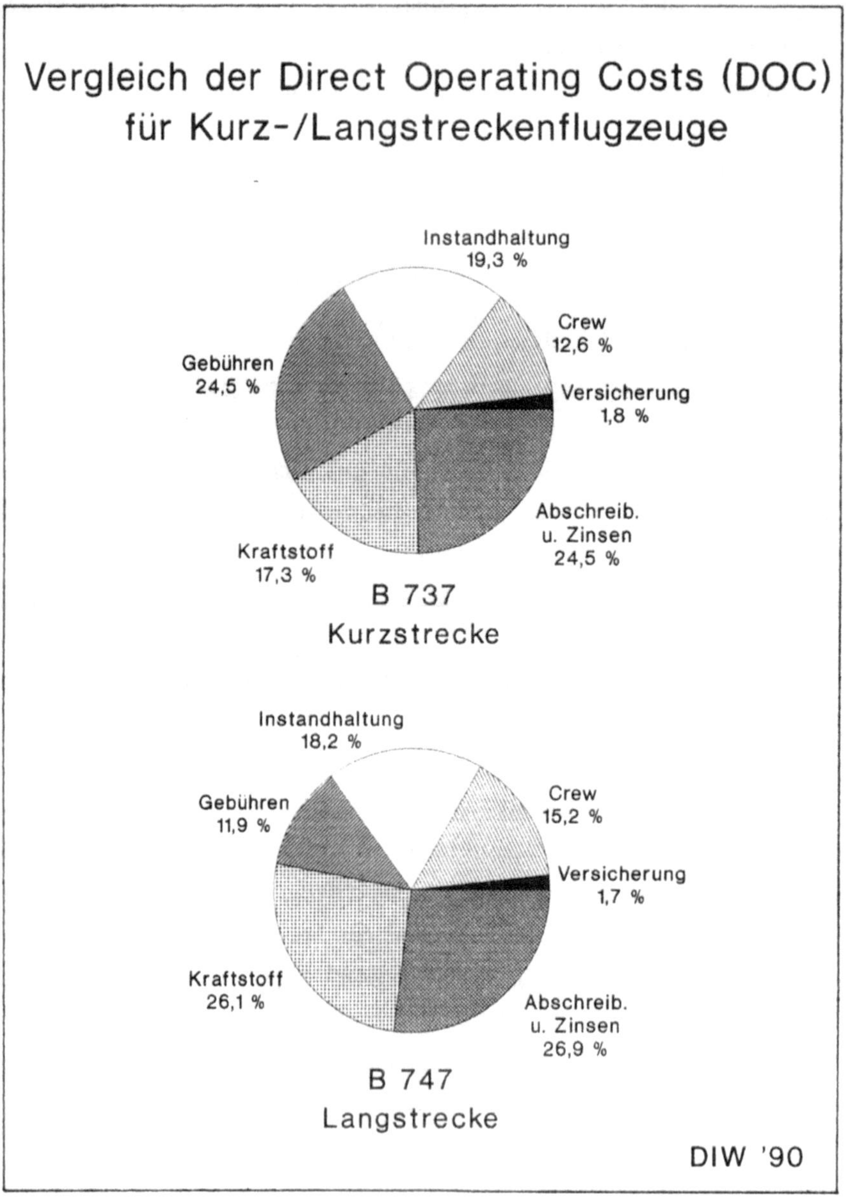

Quelle: Lufthansa.

Von den Befragten einhellig begrüßt wurde, daß mit der Airbus Industrie ein weiterer Anbieter auf dem Markt ist. Boeing habe die Monopolstellung bei der 747 teilweise zu "Koppelgeschäften" genutzt, d.h. die Auslieferung dieses Großraumflugzeugs an die Bedingung geknüpft, daß die Fluggesellschaft auch andere Flugzeuge dieses Herstellers kauft. Ein Aufbrechen der Monopolstellung bei der 747 sei nicht möglich, weil die Entwicklungskosten eines vergleichbaren Flugzeugs sehr hoch seien und diese sich bei Boeing bereits amortisiert hätten. Angesichts des Trends zu Flugzeugen mit größerer Sitzkapazität bestünde allenfalls die Möglichkeit der Neuentwicklung eines die Sitzplatzkapazität der 747 übertreffenden Flugzeugs.

4.3.2 Airbus-Flugzeuge im Vergleich

Grundsätzlich wurden von den befragten Repräsentanten der Fluggesellschaften die jeweiligen Konkurrenzmodelle der drei Flugzeughersteller als gleichwertig angesehen. Die Vorteile der modernen Technologie des Airbus hätte die amerikanische Konkurrenz durch Produktvariationen (Derivatives) ausgleichen können. Die "Operatings Costs" wären annähernd gleich. Allerdings werde Airbus mit dem "gestretchten" A 321 im Segment der "Single-Aisle-Flugzeuge" durch erhöhte Sitzplatzzahl bei nur geringfügig steigenden Betriebskosten nach Aussage einer Airline gegenüber der Konkurrenz Vorteile aufweisen.

Es wurde aber betont, daß die Airbus Industrie eine längere Lernphase benötigte, um ein gleichwertiger Konkurrent zu werden. Das Vertrauen der Kunden mußte erst gewonnen werden. Der Airbus sei auf Anhieb technisch leistungsfähig, aber hinsichtlich "maintenance" nicht optimiert gewesen. Konstruktive Änderungen waren notwendig. Große Nachteile bestanden auch im "product support". Bei einem Anteil von etwa einem Fünftel an den gesamten DOC bedeuten höhere Aufwendungen für maintenance und product support gravierende Wettbewerbseinbußen. Diese könnten nur durch entsprechende Preisnachlässe kompensiert werden.

Verkaufshemmend machte sich anfangs auch die fehlende Familie bemerkbar. Die gleiche Cockpitphilosophie ermöglicht insbesondere den kleineren Fluggesellschaften eine größere personelle Flexibilität und wirkt damit rationalisierend. Mit Zunahme der Flottengröße und der Zahl der Flugzeuge eines bestimmten Typs nimmt dieses Argument indes ab.

Inzwischen habe die Airbus Industrie die ursprünglichen Mängel in "maintenance" und "product support" weitgehend beseitigen können. Insbesondere in der "maintenance" gäbe es kaum noch Unterschiede. Allerdings würde der beim Airbus höhere Mikroelektronikanteil kaum zur Kostensenkung beitragen, weil die Fehlersuche häufig länger dauere als bei konventioneller Technik. Im "product support" mache sich dagegen die lange Erfahrung immer noch zugunsten der Amerikaner und hier insbesondere zugunsten von Boeing bemerkbar.

Die technologischen Neuerungen des Airbus werden unter Einschluß der Kosten-/Ertragsrechnung differenziert beurteilt. So wurde das 2-Mann-Cockpit von einer Fluggesellschaft als große Kostenersparnis gepriesen. Anzusetzen seien nicht nur die eingesparten Gehälter, sondern auch die eingesparten Nebenkosten. Eine andere Fluggesellschaft sieht den Hauptvorteil weniger in der Kostenersparnis als vielmehr vor dem Hintergrund der zu geringen Zahl guter Piloten. In diesem Zusammenhang wurde aber auch betont, daß die Automation im Cockpit teilweise an Grenzen stoße, und ein zuviel auch negativ sein könne.

In letzter Zeit stark verbessert habe sich das europäische Verkaufsmanagement. Besonders vorteilhaft aus Sicht der Kunden mache sich die Flexibilität der Airbus Industrie bemerkbar, auf besondere Kundenwünsche einzugehen. Durch die Einführung neuer Technologien sowie durch das Reagieren auf Kundenwünsche sei offensichtlich auch Boeing zu einer veränderten Geschäfts- und Produktpolitik gezwungen worden. Das ursprüngliche Konzept, möglichst standardisierte Produkte zu fertigen, und statt Neuentwicklungen Derivaten den Vorzug zu geben, sei durch die europäische Produktpolitik zunehmendem Wettbewerbsdruck ausgesetzt worden. Auch wenn unter rein betriebswirtschaftlichen Aspekten verschiedene technische Neuerungen nicht immer notwendig seien, so verlangten die Kunden doch zunehmend Produkte, die technisch auf dem neuesten Stand seien. Boeing und McDonnell Douglas haben - nach Ansicht einzelner Experten - zu spät auf die technische Herausforderung reagiert. Doch zeige man sich dort bei der Erfüllung spezieller Kundenwünsche inzwischen deutlich flexibler.

Insgesamt ergibt sich aus Sicht der befragten Airlines bezüglich der Wettbewerbsfähigkeit folgendes Bild:

- Die Flugzeuge der Airbus Industrie sind technologisch fortschrittlich.
- Die fortschrittliche Technik führt nur zu relativ geringen Wettbewerbsvorteilen, da die Amerikaner zunächst mit Derivaten und dann mit Neuentwicklungen reagiert haben. Unter technisch/betriebswirtschaftlichen Aspekten gibt es keine grundlegenden Vorteile der Flugzeuge des einen oder anderen Herstellers. Diese ergeben sich erst aus dem spezifischen Einsatzfeld. Der Vorteil der Derivate betrifft vor allem den - gemessen an der Relation Kosten je Flugmeile - relativ geringen Entwicklungs- und Zeitaufwand.
- Die Modernität der Airbus-Familie kann sich aber längerfristig auszahlen. Die Flugzeuge erfüllen bereits alle gegenwärtig und mittelfristig erwarteten Umweltauflagen. Die Entwicklung von Derivaten wird dann teuer, wenn diese als Neuentwicklung eingestuft werden und die nicht nur zeitaufwendigen, sondern auch kostenintensiven Zulassungsverfahren zu durchlaufen haben. Vor solchen Problemen steht die Airbus Industrie mittelfristig nicht.

Die Airbus Industrie hat aber noch nicht den Stand erreicht, um allen zukünftigen Anforderungen gerecht zu werden. So wurde von den Befragten u.a. ausgeführt:

- Die Ersatzteile sind teilweise zu teuer.
- Die Airbusproduktion muß flexibler und teilweise kostengünstiger gestaltet werden. Das gilt auch für die Entwicklung. Doppelarbeiten und lange Entwicklungszeiten machen sich hier besonders nachteilig bemerkbar.
- Die Entscheidungsprozesse sind zu langwierig, so daß man zu spät auf Marktveränderungen reagieren kann. Die Entscheidung um den Bau und die Endmontage des A 321 sind hierfür nur ein Beispiel.

- Die Kapazitäten müssen noch stärker auf marktliche Veränderungen ausgerichtet werden mit dem Ziel, vorhandene Nachfrage auch realisieren zu können.
- Die angewendeten Fertigungsmethoden sind zwar bei allen Konkurrenten auf einem durchweg hohen technischen Stand. Allerdings sind die Rationalisierungspotentiale in anderen Betriebsbereichen bei den europäischen Partnerunternehmen nicht immer ausgeschöpft.

4.3.3 Resümee

Damit ergibt sich das folgende Gesamtbild:
Der Airbus Industrie ist es gelungen, als kompetenter, leistungsfähiger Hersteller von zivilen Großflugzeugen anerkannt zu werden. Nach anfänglichen Schwierigkeiten konnten die wichtigsten Marktzutrittsbarrieren überwunden werden. Die wohl wichtigsten sind:
- Skepsis der Nachfrager gegenüber der Leistungsfähigkeit des Produkts und des Unternehmens, und zwar vor allem auch unter Berücksichtigung längerer Zeithorizonte.
- Geringe Erfahrungen in "maintenance" und "product support". Hier auftretende Mängel stören den Flugbetrieb, verursachen Kosten und schaden möglicherweise dem Image der Fluggesellschaft. Ein gut funktionierendes Wartungssystem ist deshalb ebenso eine Voraussetzung für den Kauf eines Flugzeugs wie die Qualität des Flugzeugs.

Solange Skepsis gegenüber der Leistungsfähigkeit des Flugzeugs und dem Betreuungssystem besteht, sind Preisabschläge notwendig. Nach Aussagen der befragten Fluggesellschaften sind heute die Preise je Sitzplatz bei allen drei Herstellern etwa gleich. Die zunehmende Akzeptanz des Airbus zeigt sich auch daran, daß sich der Abnehmerkreis stark erweitert hat, bereits Bestellungen für die sich noch in der Entwicklung befindlichen Modelle A 330/A 340 vorliegen und die Verkaufspreise sich in letzter Zeit den Listenpreisen genähert hätten.

Es ist wohl eine erlaubte Spekulation, daß die Airbus Industrie mit zunehmender Erfahrung die Produktbetreuung weiter verbessern und somit an Wettbewerbsfähigkeit gewinnen wird. Die Airbus Industrie hat damit wichtige Voraussetzungen geschaffen, um sich auf dem Markt behaupten zu können. Daraus folgt: Bei gleicher Akzeptanz, Produktqualität und Rentabilität im Einsatz ist vor allem der Preis die verkaufsbestimmende Variable. Die Möglichkeiten der wettbewerblichen Preisgestaltung sind aber abhängig von den Herstellungskosten. Mit diesem Thema befaßt sich das nachstehende Kapitel.

5 Produktionskosten

5.1 Einführung

Die Aufgaben der Airbus Industrie sind im wesentlichen der Verkauf sowie die Wartung der Flugzeuge. Dabei orientiert sich der Verkauf an den auf dem Markt zu erzielenden Preisen. Die Einnahmen wurden nach dem Muster

Einnahmen insgesamt
abzgl. Ausgaben für Triebwerke
abzgl. eigene Einkäufe
abzgl. eigene Kosten
= zur Verteilung kommender Betrag

auf die einzelnen Partner verteilt. In dem Quotenmodell werden Lieferaufteilung und dafür zu erzielende Preise in der Regel ausgehandelt. Bei diesem Verfahren strebt jeder Airbuspartner ein Ergebnis an, das seinem Unternehmen Vorteile bringt. Der Verhandlungskorridor wird einerseits durch das Interesse bestimmt, den Zuschlag für ausgewählte Produktionsbereiche zu erhalten, zum anderen soll ein möglichst hoher Preis erzielt werden. Dieses Verfahren der Optimierung der Unternehmensinteressen auf der zweiten Ebene, der Ebene der Anteilseigener funktioniert ähnlich dem "beggar my neighbor principle" und führt dazu, daß keines der Partnerunternehmen ein Interesse hat, seine Kosten offenzulegen. Versuche, aus den Geschäftsberichten der einzelnen Unternehmen die tatsächlichen Kosten der Airbusflugzeuge zu ermitteln, sind gescheitert. Coopers und Lybrand wurden von Boeing beauftragt, das Airbus Unternehmen hinsichtlich Ertrag, Kosten und staatlicher Zuwendungen näher zu betrachten und kamen zu dem Ergebnis: "In regard to information normally provided in an income statement the elements which together determine the profit or loss of the Airbus enterprise and which statement are not revealed. In particular, Airbus sales, cost of inputs, payroll costs, depreciation and provisions, interest and extraordinary items are effectively hidden from view."[25] Dieser Sachverhalt wurde von Repräsentanten der europäischen Industrie weitgehend bestätigt.

Inwieweit das Airbus Unternehmen auch unter Kostengesichtspunkten wettbewerbsfähig ist, kann gegenwärtig nicht beantwortet werden. Es können lediglich in Teilbereichen Plausibilitätsüberlegungen zur Kostensituation angestellt werden.

5.2 Economies of Scale und Learning Curve, mindestoptimale technische Betriebsgröße

Fragen nach der Mindestgröße der Unternehmen, Effekten von economies of scale and scope sowie der Serienfertigung (learning-curve-Effekte) haben bei der Erörterung der Wettbewerbsfähigkeit der Luftfahrtindustrie bzw. der zentralen Unternehmen einen hohen Stellenwert (vgl. III, 2.3.2.5). Sehr deutlich wird dies bei der Betrachtung der Entwicklungskosten und ihren Einfluß auf die Preisgestaltung.
Die Entwicklungskosten eines neuen Verkehrsgroßflugzeugs werden von der Industrie heute auf etwa 3 Mrd. ECU beziffert. Allein dieser Betrag zeigt die starke Abhängigkeit der Kosten je Flugzeug von der verkauften Stückzahl. Bei 500 produzierten Flugzeugen entfallen auf jedes Flugzeug Entwicklungskosten von 6 Mill. ECU, bei 1000 Flugzeugen noch 3 Mill. ECU. Diese einfache Rechnung verdeutlicht die Bedeutung großer Stückzahlen und erklärt, weshalb die Hersteller Marktanpassungen - von den aufwendigen Zulassungsverfahren einmal abgesehen - vornehmlich mit Derivaten durchführen, komplette Neuentwicklungen aber scheuen.

---

[25] Coopers + Lybrands: The Airbus Enterprise, A Review of the Public Record, March 1988.

Der Stückpreis der vor der Markteinführung stehenden Flugzeuge A 330/A 340 bzw. MD - 11 soll etwa 100 Mill. ECU betragen. Legt man Entwicklungskosten der genannten Größenordnungen zugrunde, dann würden sie bei einer schon recht hohen Verkaufszahl von 500 immer noch 6 % des Verkaufspreises ausmachen.

Unberücksichtigt ist bei dieser Betrachtung das Zeitproblem. Adam Brown dazu: "Another characteristic of civil aircraft manufacturing is that the resources required to develop a new large aircraft type now go far beyond those available to any single company. For a typical programme, the cumulative negative cash flow will bottom out at around 4 billion US dollars some seven years after programme launch."[26]

In der Produktion selbst sind es vor allem die aus den Lernkurveneffekten resultierenden Kosteneinsparungen, die eine produzierte Mindeststückzahl eines Flugzeugs oder einer Flugzeugfamilie erforderlich machen, um vertretbare Durchschnitts- bzw. Grenzkosten zu erreichen. Einen Überblick über die aus Lernkurveneffekten resultierenden Kosteneinsparungen gibt die nachstehende Abbildung V, 5.2/1.

---

[26] Adam Brown: International Collaboration in the Aerospace Industry - Collaboration in Civil Airliner Manufacture. In: Commercial Aviation and Aerospace, Paris 6. und 7. Juni 1989, S. 11.1.

Abb. V, 5.2/1

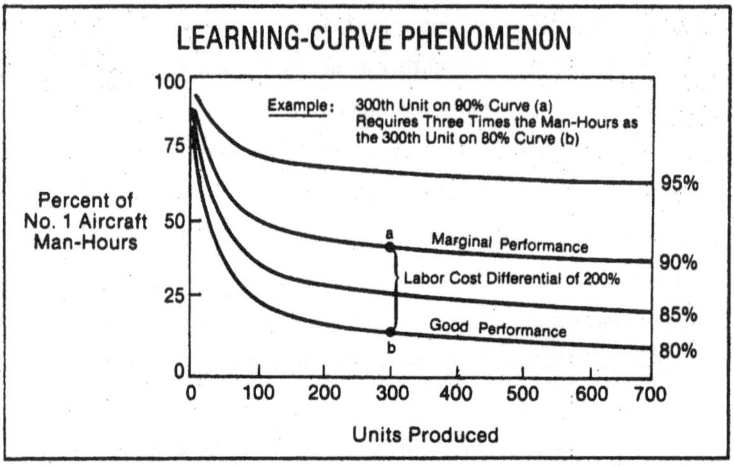

Quelle: The Economics of the Commercial Aircraft Industry, Boeing, Februar 1984.

Allgemein wird in der Branche davon ausgegangen, daß bei einer Stückzahl von 1000 und mehr produzierten Flugzeugen der Lernkurveneffekt keine gravierenden Kostensenkungen mehr bewirkt. Diese Zahl ist insofern zu relativieren, als auf der Komponenten-, bzw. Zulieferebene über Synergieeffekte - bedingt durch eine in der Regel breitere Produktpalette - die Lernkurveneffizienz bereits früher erreicht ist. Das gleiche gilt für die Systemhersteller, wenn sie im Rahmen der Produktfamilie Lerneffekte erzielen können. Deshalb versuchen die Systemhersteller, bei ihrer Flugzeugfamilie möglichst viele Konstruktions- und Produktionsgemeinsamkeiten zu verwirklichen. Zwei Flugzeugtypen haben das Maximum an Gemeinsamkeit dann erreicht, wenn

- die Flügel gleich sind,
- die fuselage section die gleiche ist,
- das Cockpit die gleiche Ausrüstung hat.[27]

Mit Produktionsaufnahme der A 330/A 340 wird die Airbus Industrie über eine komplette Flugzeugfamilie verfügen. Damit ist sie künftig in der Lage, wie ihre

[27] Vgl. Euroconsult, S. 29.

amerikanische Konkurrenz Synergien zu nutzen. Außerdem hat die Airbus Industrie über die bis dahin produzierten Flugzeuge der Typen A 300/A 310 und A 320 eine Größenordnung erreicht, bei der von Nachteilen hinsichtlich economies of scale und economies of scope bzw. mangelnder Nutzung von Lernkurveneffekten nicht mehr gesprochen werden kann. Diese Ansicht wird von befragten Repräsentanten der Industrie weitgehend geteilt. Unter den bestehenden Rahmenbedingungen wurde von diesen eine produzierte Stückzahl von 200 als ausreichend angesehen, um den Lernkurveneffekt weitgehend ausschöpfen zu können.

Im Zusammenhang mit den economies of scale stellt sich die Frage nach der mindestoptimalen technischen Betriebsgröße. Auch wenn hier nicht beurteilt werden kann, bei welcher Produktion diese erreicht ist, so spricht doch das inzwischen hohe Produktionsniveau im europäischen zivilen Großflugzeugbau dafür, daß economies of scale und scope ähnlich wie bei der Konkurrenz genutzt werden. Die mindestoptimale technische Betriebsgröße ist kein Datum, sondern hängt u.a. von der Gestaltung der Produktion und der eigenen Wertschöpfung ab. Inwieweit die Airbus Industrie bzw. die Partner der Airbus Industrie durch Veränderung der eigenen Wertschöpfungsanteile und Nutzung der internationalen Konkurrenz im Bereich der Zulieferung weitere Möglichkeiten zur Kostensenkung haben, kann in dieser Untersuchung nicht quantifiziert werden. Es gibt aber Anzeichen dafür, daß im bisherigen Quotenverfahren die Möglichkeiten der internationalen Arbeitsteilung nicht in vollem Umfang genutzt werden.

5.3 Kapazitätsauslegung

Hinsichtlich der Nutzung von economies of scale bzw. der Kapazitätspolitik wird der Airbus Industrie teilweise vorgeworfen, zu vorsichtig zu operieren. Wegen des langsamen Kapazitätsaufbaus könnte jetzt vorhandene Nachfrage nicht realisiert werden. Ein wesentlicher Grund für die eher restriktive Kapazitätspolitik wird in den in Europa geltenden Rahmenbedingungen für die Einstellung und Entlassung von Personal gesehen. Während die amerikanischen Konkurrenten über eine "hire and fire"-Beschäftigungspolitik flexibel sind, müsse die Airbus Industrie ihre Kapazitätsauslegung an einer möglichst konstanten bzw. nur leicht schwankenden Beschäftigung ausrichten. Hinzu kommt, daß das Department of Defence aus Gründen der nationalen Sicherheit eine Überkapazität im zivilen amerikanischen Flugzeugbau begrüßen und unterstützen würde.[28]

Grundsätzlich ist es richtig, daß die Airbus Industrie bei einer höheren Produktionskapazität gegenwärtig mehr Flugzeuge auf dem Markt absetzen könnte. Ob aber ein Ausbau der Kapazität mit dem Ziel, Nachfrage kurzfristig bedienen zu können, die langfristig bessere Strategie ist, kann nur spekulativ beantwortet werden. Fraglich ist ferner, ob die Möglichkeit des "hire and fire" längerfristig Vorteile bringt. Am Beispiel anderer exportorientierter Industriezweige läßt sich nachweisen, daß die in Europa bestehenden sozialen Rahmenbedingungen sich hinsichtlich der Wettbewerbsfähigkeit nicht negativ bemerkbar machen müssen, wenn dafür adäquate Fertigungsverfahren entwickelt werden.

Zusammenfassend bleibt hinsichtlich der Produktionskapazität der Airbus Industrie festzustellen:

- Gegenwärtig werden Flugzeuge noch nicht zu kostendeckenden Preisen verkauft. Eine höhere Produktionskapazität hätte demnach höhere Verluste zur Folge.
- Fraglich ist, ob eine raschere Produktionssteigerung unter Einhaltung des Qualitätsstandards möglich ist. Nach dem Streik in England und den dadurch bedingten Produktionsausfällen scheint heute die Sicherung kontinuierlicher Produktion dringlicher zu sein.
- Die gegenwärtige Problematik besteht weniger in der geringen Produktionskapazität, sondern in den immer noch sehr national geprägten Interessen der Partner. Dies machten zuletzt die Verhandlungen um die Endmontage des A 321 und die Produktionsaufteilung bei den A 330/A 340 deutlich.

[28] Vgl. Euroconsult, S. 35.

5.4 Lohnkosten

Im Rahmen der internationalen Arbeitsteilung müssen Länder wie die USA oder westeuropäische Industrieländer sich vor allem auf technologisch anspruchsvolle Fertigungen konzentrieren, wenn sie das hohe Lohnniveau halten und international konkurrenzfähig bleiben wollen. Demgegenüber werden Schwellenländer sich zunächst auf lohnintensive industrielle Massenfertigungen konzentrieren, um ihren Wettbewerbsvorteil zur Geltung zu bringen. Auch wenn im Flugzeugbau wirtschafts-, technologieund verteidigungspolitische Überlegungen eine Rolle spielen, so ist aufgrund der inzwischen hohen Produktionszahlen davon auszugehen, daß im zivilen Flugzeugbau die internationale Arbeitsteilung zunimmt. Von Boeing ist bekannt, daß die Firma Zulieferungen aus mehr als 200 Ländern bezieht. Aufgrund der besonderen Gesellschaftsform der Airbus Industrie kann nicht ermittelt werden, ob die Airbus-Partner von der internationalen Arbeitsteilung in entsprechendem Umfang Gebrauch machen. Um Anhaltspunkte darüber zu bekommen, inwieweit die Airbuspartner gegenüber der amerikanischen Industrie bei einem sehr wichtigen Kostenfaktor, den Löhnen, Vorteile bzw. Nachteile haben, soll im folgenden ein kurzer Überblick über die Lohnstückkostenentwicklung in der Industrie gegeben werden. Dabei ist anzumerken, daß die Ergebnisse in starkem Maße von der Entwicklung der Wechselkursrelationen überlagert sind.

Nach einer Untersuchung des "Instituts der Deutschen Wirtschaft" belegte die Bundesrepublik Deutschland in einer internationalen Arbeitskosten-Rangskala den zweiten Platz.[29] Im Jahre 1988 kostete in der Bundesrepublik die Industriearbeitsstunde DM 34,22. Demgegenüber betrug sie in den USA DM 24,58, in Frankreich DM 23,14, in Großbritannien DM 20,21 und in Spanien DM 18,15. Im Hinblick auf den zivilen europäischen Großflugzeugbau bedeutet dies, daß selbst bei einem als relativ niedrig einzustufenden Dollarkurs des Jahres 1988 drei der vier Airbus-Partnerländer gegenüber den USA hinsichtlich der Lohnkosten Vorteile hatten. Daraus wird deutlich, daß der gegenwärtig sehr niedrige Wechselkurs des US-Dollars vor allem dem deutschen Partner

[29] Zu den Arbeitskosten vgl. iwd Informationsdienst des Instituts der Deutschen Wirtschaft, Nr. 18, 23, 34, 48; 1989.

zu schaffen macht. In diesem Land sind auch die Personalzusatzkosten mit DM 15,73 besonders hoch. Sie betrugen in Frankreich DM 10,70, in den USA DM 6,70, in Spanien DM 6,66 und in Großbritannien DM 6,03 (vgl. Abbildung V, 5.4/1).

Abb. V, 5.4/1

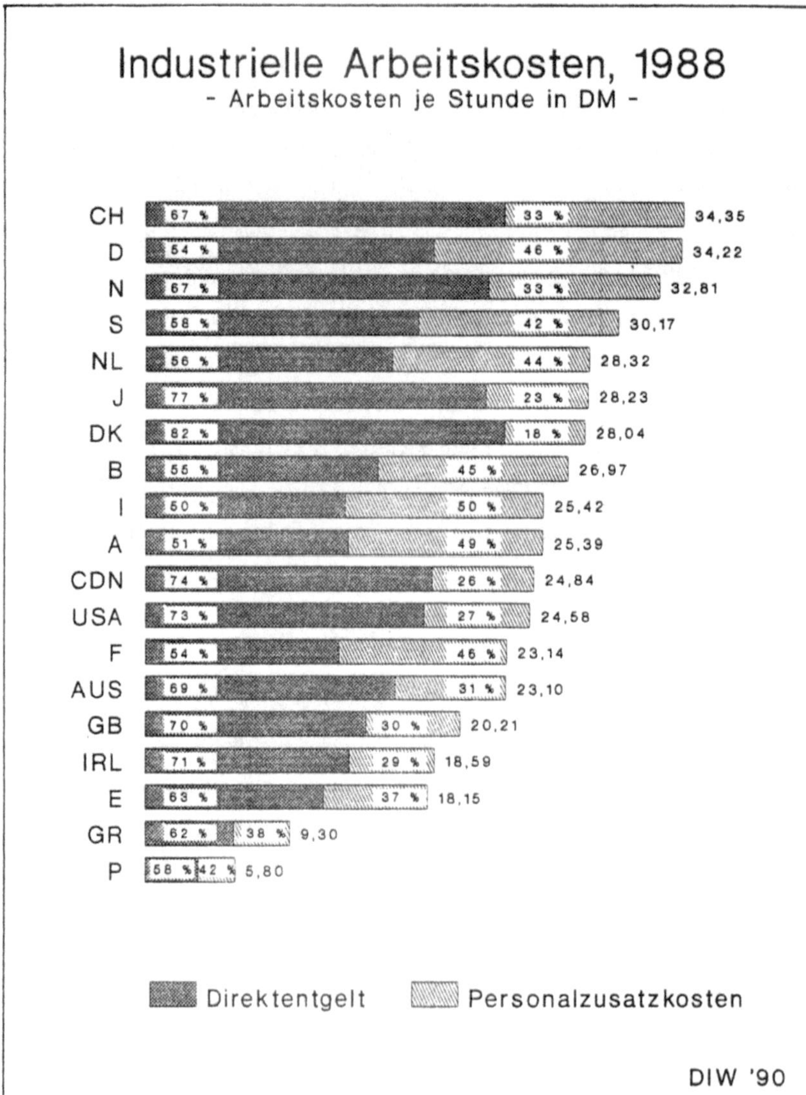

Quelle: Institut der deutschen Wirtschaft, 1989.

Im Vergleich zu den Partnerländern Frankreich und Großbritannien hat MBB aber nicht nur einen höheren Wertschöpfungsanteil, sondern auch - von der jetzt beschlossenen Endmontage des A 321 einmal abgesehen - den technologisch weniger anspruchsvollen Fertigungsbereich. Deshalb versucht MBB mit großem Aufwand, Lohnkostennachteile über weitgehend automatisierte Fertigungsverfahren und damit höhere Produktivität zu kompensieren, und ist die deutsche Seite an einer Veränderung der Strukturen der Airbus Industrie besonders interessiert.

Ein Vergleich der Lohnstückkosten in den Jahren 1980 und 1987 verdeutlicht, daß fast alle Länder ihre Lohnstückkostenpositionen gegenüber der Bundesrepublik Deutschland verbessern konnten. USA, Frankreich und Großbritannien, die 1980 ein höheres Lohnstückkostenniveau aufwiesen, haben die Verhältnisse zu ihren Gunsten umgekehrt (vgl. Abbildung V, 5.4/2). Im Hinblick auf die Airbus Industrie wird deutlich, daß ein System relativ starrer Arbeitsteilung kaum zum Erreichen einer kosteneffizienten Produktion geeignet ist.

Abb. V, 5.4/2

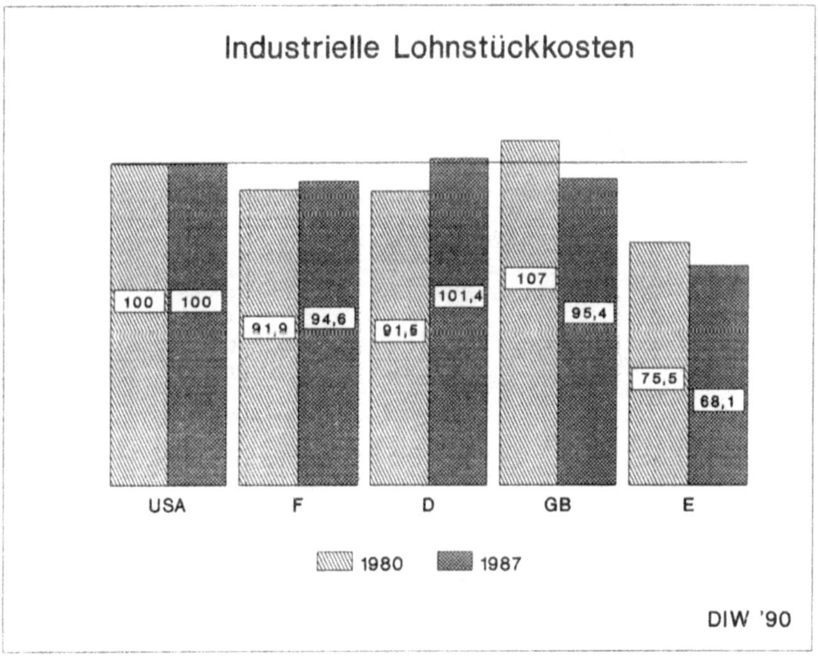

Quelle: Institut der deutschen Wirtschaft, 1989.

Eurostaf hat für die bedeutendsten Luft- und Raumfahrtunternehmen Europas Lohnkosten je Arbeitnehmer, Wertschöpfung je Arbeitnehmer und die Relation Mehrwert je Arbeitnehmer zu Lohnkosten ermittelt und mit den Niveaus von Boeing, Lockheed und McDonnell Douglas verglichen. Auch wenn es sich dabei um Angaben für den gesamten Unternehmensbereich handelt, so dürften sie doch näherungsweise auch die Situation des zivilen Großflugzeugbaus beschreiben (vgl. Tabelle V, 5.4/1).

Tabelle V, 5.4/1

Wertschöpfung und Lohnkosten in europäischen Luft- und Raumfahrtunternehmen
- in 1000 ECU -

	1983	1984	1985	1986	1987
	Wertschöpfung je Arbeitnehmer				
MBB	33	36	34	34	36
Aérospatiale	--	--	51	36	37
British Aerospace	20	23	25	24	23
Boeing	49	58	62	50	40
McDonnell Douglas	43	51	56	45	39
Lockheed	47	55	59	48	43
	Lohnkosten je Arbeitnehmer				
MBB	26	28	29	32	34
Aérospatiale	--	--	32	34	36
British Aerospace	17	19	20	19	19
Boeing	38	44	46	38	32
McDonnell Douglas	33	38	41	34	30
Lockheed	37	43	45	37	32
	Wertschöpfung zu Lohnkosten je Arbeitnehmer				
MBB	1.26	1.28	1.18	1.08	1.05
Aérospatiale	--	--	1.56	1.05	1.02
British Aerospace	1.15	1.20	1.20	1.24	1.23
Boeing	1.30	1.31	1.36	1.34	1.23
McDonnell Douglas	1.31	1.34	1.35	1.30	1.28
Lockheed	1.27	1.29	1.31	1.30	1.32

Quellen: EG - DG III; Eurostaf; DIW.

Die für die Jahre 1983 bis 1987 quantifizierte Entwicklung der Lohnkosten verdeutlicht den Einfluß des Wechselkurses. Während bis 1986 die amerikanischen Unternehmen vergleichsweise höhere Löhne zu zahlen hatten, kehrte sich für MBB und Aérospatiale im Jahre 1987 diese Relation um. Lediglich British Aerospace blieb noch unter dem amerikanischen Niveau.

Die Argumente der EG, wonach die europäische Luftfahrtindustrie im Verhältnis zu Amerika Lohnkostenvorteile habe und ein geringeres Produktionsniveau zu einer geringeren Arbeitsproduktivität führe, sind nur teilweise zutreffend.[30] Die Analysen des Instituts der Deutschen Wirtschaft und von Eurostaf zeigen, daß die europäische Industrie bei ungünstiger Dollarkursentwicklung - mit Ausnahme von Spanien und Großbritannien - kaum Lohnkostenvorteile gegenüber den Vereinigten Staaten hat. Von dem in letzter Zeit relativ schwachen Dollar dürfte insbesondere der deutsche Partner betroffen sein.

Bei Vergleichen von Wertschöpfung und Produktivität wird häufig der Einfluß des Wechselkurses übersehen. Im internationalen Wettbewerb stehende Industrien wie die Elektroindustrie oder der Maschinenbau versuchen, ungünstige Wechselkursrelationen zumindest teilweise durch höhere Preise auf dem Markt zu kompensieren. Ist der europäischen Luftfahrtindustrie eine solche Strategie versagt, bedeutet dies, daß sie nicht nur gegenüber Kursveränderungen des Dollars sehr anfällig ist, sondern auch über eine relativ schwache Wettbewerbsposition verfügt.

5.5 Wechselkurs

Zivile Großverkehrflugzeuge werden international auf Dollarbasis verkauft. Da Wechselkursschwankungen zumindest in ihren kurzfristigen Ausschlägen nicht die Leistungsrelationen der Volkswirtschaften, sondern in hohem Maße rein monetäre Einflüsse widerspiegeln, hat die europäische Luftfahrtindustrie gegenüber der amerikani-

[30] Eine wettbewerbsfähige europäische Luftfahrtindustrie, Mitteilung der Kommission, 23.7.1990, Anhang 4, S. 11.

schen ein Risiko mehr. Zwar gilt dieses Risiko auch für andere exportorientierte Industrien, doch nicht mit dieser Ausschließlichkeit. Die Vergleiche der industriellen Lohnkosten bzw. der Lohnstückkosten haben gezeigt, daß selbst bei einem relativ niedrigen Dollarkurs in drei der vier Airbus-Partnerländern das Lohnniveau geringer ist als in den Vereinigten Staaten.

Grundsätzlich muß sich die Industrie hinsichtlich ihrer Wettbewerbsfähigkeit auf durchschnittliche Wechselkursentwicklungen einstellen. Ausschläge könnten versicherungstechnisch abgesichert werden. Dabei stellt sich im Zivilgroßflugzeugbau die Frage, inwieweit eine Absicherung des Wechselkursrisikos durch die öffentliche Hand wettbewerbspolitisch begründbar ist. Verfahrenstechnisch wäre ein aus der Vergangenheitsentwicklung gebildeter durchschnittlicher US-Dollarkurs gleitend fortzuschreiben. Liegt der tatsächliche Kurs darüber, würde die öffentliche Hand die Differenz abschöpfen; unterhalb des Durchschnitts wären entsprechende Ausgleichszahlungen an die Industrie zu leisten. Nicht ganz adäquat erscheinen dagegen Absicherungen auf der Basis eines festgelegten Mindestkurses europäischer Landeswährungen oder des ECU gegenüber dem US-Dollar.

5.6 Resümee

Die Überlegungen zu den Produktionskosten haben gezeigt, daß eine mangelnde preisliche Wettbewerbsfähigkeit der Airbus Industrie kaum mit einer zu geringen Möglichkeit der Nutzung von Lernkurveneffekten oder einer zu geringen mindestoptimalen technischen Betriebsgröße begründet werden kann. Auch die Lohnkosten sprechen insgesamt eher für den europäischen Standort. Wenn also die Flugzeuge der Airbus Industrie heute und in mittlerer Sicht nicht gewinnbringend verkauft werden können, müssen andere als die bereits angeführten Gründe dafür maßgebend sein. Diese könnten sein:

- Die Flugzeuge sind konzeptionell zu teuer, d.h. die gegenüber der Konkurrenz teilweise neuere und vielleicht auch teurere Technologie wird vom Markt nicht entsprechend honoriert;

- Die amerikanische Konkurrenz hat andere Kostenvorteile gegenüber der europäischen zivilen Luftfahrtindustrie wegen
  . der fehlenden Wechselkursproblematik,
  . höherer Subventionen oder anderer staatlicher Hilfen,
  . anderer Einflüsse wie buy-national im Zusammenhang mit dem großen Binnenmarkt.
- Organisations- und Fertigungsstruktur sind nicht hinreichend optimiert.

Auf die vor allem politisch bedingten, die Wettbewerbsfähigkeit beeinflussenden Rahmenbedingungen soll in dem nächsten Kapitel eingegangen werden. Die Notwendigkeit eventueller struktureller Veränderungen im europäischen zivilen Großflugzeugbau werden im zusammenfassenden Schlußkapitel herausgearbeitet.

6 Politisch beeinflußte Rahmenbedingungen

6.1 Einführung

Wie bereits an verschiedenen Stellen dargestellt, handelt es sich bei der Luftfahrtindu-strie um einen Industriezweig, der wie kaum ein zweiter staatlicher Einflußnahme unterliegt. Das Zusammenspiel zwischen ziviler Luftfahrt und den staatlich dominierten Bereichen Raumfahrt und militärische Luftfahrt sowie die der Branche beigemessene technologiepolitische Bedeutung sind neben den Aspekten der nationalen Sicherheit die vorwiegenden Gründe. Es verwundert deshalb nicht, daß zwischen Europa und den USA von Zeit zu Zeit mit unterschiedlicher Intensität Vorwürfe der unlauteren Wettbewerbspraxis ausgetauscht werden.

Im Rahmen dieser Arbeit wird nicht der Versuch unternommen, der staatlichen Einflußnahme in den einzelnen Ländern im Detail nachzugehen oder diese gar zu quantifizieren. Hierzu wären umfangreiche Recherchen notwendig, die den Zugang zu sehr internem Datenmaterial der einzelnen Unternehmen voraussetzen. Im folgenden werden deshalb nur Argumente beider Seiten sowie einige veröffentlichte Zahlen staatlicher Hilfen dargestellt, ohne daß deren Wahrheitsgehalt im einzelnen überprüft werden kann.

6.2 Die Subventionsdebatte USA-Europa

Die europäischen Argumente

Bei der Auseinandersetzung zwischen den USA und Europa über subventionsbedingte Wettbewerbsverzerrungen im Großflugzeugbau werden von europäischer Seite u.a. folgende Argumente angeführt:

- Militärische Programme wie das KC 135-Programm führten zu einem Vorsprung im zivilen Düsengroßflugzeugbau Amerikas.
- Das C5A-Programm der US Air Force war eine wichtige Starthilfe für das 747 Programm von Boeing.
- Die amerikanische Industrie nutzt ihren großen internationalen Markt für militärische Produkte als Zugang für den Verkauf ziviler Flugzeuge.
- Im Rahmen militärischer Programme ausgebildete Arbeitskräfte können für die zivile Produktion eingesetzt werden und tragen damit dort zur Senkung der Produktionskosten bei.
- Forschungsprogramme des Departments of Defense (DoD) und Transportation sowie die NASA unterstützen die Entwicklungsarbeiten im zivilen Bereich.
- Regierungsverträge verhelfen der amerikanischen Industrie zu größeren Serien, wodurch economies of scale sowie Lernkurveneffekte genutzt werden können.
- Der U.S. tax code begünstigt amerikanische Hersteller, das Gesetz begünstigt den Kauf von Flugzeugen aus amerikanischer Produktion.
- Die amerikanische Regierung stimuliert die Verkäufe von Großflugzeugen über günstige Exportkredite.

Insgesamt hätten die Hilfen dazu geführt, daß die amerikanische Industrie den zivilen Großflugzeugbau nach dem 2. Weltkrieg zunehmend dominierte. Adam Brown von der Airbus Industrie dazu: "By 1970, these manufactures had built up an 84% share of the world market, and a virtually total domination of the long-range market. All major

European nations had no effective choice but to paint their flags on the tails of U.S. - manufactured airplanes. During this critical period of rapid technical evolution, the major U.S. manufactures were supported almost entirely by government funds. Boeing, for example, derived 100% of its $ 307 million total revenues in 1950 from government contracts. Its 13,5 million loss on the commercial Stratocruiser was more than offset by sales of a military version, the C 97, to the Air Force"[31]. Hinzu kommt, daß Boeing mit der 747 über eine Monopolstellung verfügt und die hier erzielten Gewinne zur Finanzierung anderer Programme einsetzt. "Sure, the 747 makes a profit and supports other programs. That is the idea"[32].

Die amerikanischen Argumente

Die Hauptargumente Amerikas gegenüber der europäischen Wettbewerbspraxis sind:

- Die amerikanischen Flugzeughersteller sind Privatunternehmen, sie sind publizitätspflichtig, Markterfolg oder -fehlschlag sind echte unternehmerische Risiken; "U.S. transport manufactures invest their own money in commercial programs and assume to risk of future. They finance product development, production and marketing from internal funds or by borrowing at market rates. They must make profit to remain in business. They do not receive research funding for commercial focused products or divert government funding for product development, production or marketing"[33].

Demgegenüber sei die Airbus Industrie als GIE nicht zu Veröffentlichungen der Betriebsergebnisse verpflichtet. In einer von Boeing beauftragten Studie zur Airbus Industrie faßt Coopers und Lybrand[34] zusammen:

---

[31] Adam Brown: International Competition in the Commercial Jet Industry - the Airbus Industrie Riposte, S. 7.

[32] R.R. Albrecht, Executive V.P., Boeing Commercial Airplane Company "Air Transport World", July 1987.

[33] AIA: Does The United States Support Its Commercial Transport Manufacturers Like Europe Supports Airbus, S. 1.

[34] Coopers und Lybrand: "The Airbus Enterprise", A Review Of The Public Record, March 1988, S. 3 ff.

- We have concluded that the public record does not contain enough reliable information to drax even a partial picture of government support for Airbus or the economic viability of the consortium.
- The lack of transparency of Airbus is the result of the complex structure of the enterprise itself a series of interlocking relationships among member companies and Airbus Industrie GIE. This web of business relationships can be untangled to produce a reliable picture of the Airbus enterprise only if all of its major parts - Airbus Industrie GIE, Aérospatiale, British Aerospace, CASA, and MBB - publish specific, comparable data on their Airbus activities.
- Major pieces of the Airbus enterprise accounts are not made available to the public. Airbus Industrie GIE, the partnership entity responsible for design, marketing, and production coordination as well as final assembly and sale, publishes no financial results.
- With regard to the member companies, none of them publish separate financial data on their Airbus activities. In the case of MBB, Airbus membership is constituted through a wholly-owned subsidiary, Deutsche Airbus, which does not publish financial statements, and whose accounts are not consolidated in those of the parent firm. Aérospatiale and BAe do incorporate A.I. results in their financial statements; however, A.I. information is effectively hidden through consolidation with non-Airbus activities.
- Information on financial performance and sources of funding which would normally be provided by a public corporation's published financial statements is not available for the Airbus enterprise through the published accounts of its members.

Weitere amerikanische Argumente sind:

- In England, der Bundesrepublik und Frankreich finanzieren die Regierungen große Teile ziviler FuE-Programme: "In addition, civil aviation R+D communals a greater percentage of total government R+D funds in the United Kingdown directed approximately 3,2 percent of total R+D funding toward civil aviation

R+D in 1979 and France 2,2 percent as opposed to only 1,6 percent in the United States."[35].

- Die Airbus Partnerländer haben den Airbus über alle Phasen hinweg subventioniert. "In contrast, the national governments of the Airbus partners have directly funded commercial aircraft projects from research and technology through product development, production and marketing. Media estimates of direct government supports for Airbus total $ 7 to $ 12 billion. Experience with aircraft program cash flow needs indicates the level of funds required for the A 300, A 310 and A 320 programs to be anywhere from $ 12 to $ 18 billion[36].
- Airbus verkauft seine Flugzeuge unterhalb seiner Produktionskosten und verstößt gegen die General Agreement on Tariffs and Trade (GATT). In diesem Zusammenhang werden u.a. die von der deutschen Regierung an Daimler Benz gegebene Wechselkursgarantie sowie Kapitalinfusionen der französischen Regierung angeführt[37].
- Die staatlich gewährten FuE-Hilfen müssen sich nicht amortisieren, Kapitalrückflüsse dienen nicht zur Finanzierung neuer Programme.

Der Wettbewerb im Großflugzeugbau darf nicht längerfristig durch staatliche Hilfen verzerrt werden

Die Gegenüberstellung der Argumente zeigt, daß die Frage, welche Seite den zivilen Großflugzeugbau stärker fördert bzw. gefördert hat, eindeutig kaum zu beantworten ist. Es fehlen sowohl genaue Angaben über monetäre Transfers der öffentlichen Hand als auch die Möglichkeit der Feststellung und Quantifizierung immaterieller staatlicher Hilfen. Die Intranzparenz ergibt sich zu einem großen Teil aus der Doppel- und Dreifachfunktion der Branche in den Bereichen ziviler Großflugzeugbau, militärischer Flugzeugbau und Raumfahrt. Eine klare Trennung dieser Tätigkeitsfelder sowie eine eindeutige Zuordnung staatlicher Unterstützungen scheint auch bei intensiveren

---

[35] AIA: a.a.0. S. 9.

[36] AIA: a.a.0. S. 13.

[37] Inside U.S. Trade, April 20, 1990.

Recherchen nicht möglich zu sein. Dies darf aber nicht bedeuten, daß im zivilen Großflugzeugbau der Wettbewerb auf Dauer durch staatliche Einflußnahme verzerrt wird.

In Anbetracht des inzwischen erreichten Marktvolumens sollten auch die öffentlichen Haushalte an einer ökonomisch möglichst effizienten Fertigung interessiert sein. Die beste Garantie dafür ist erfahrungsgemäß der funktionierende Wettbewerb auf dem Markt. Solange die entsprechenden wettbewerblichen Rahmenbedingungen fehlen, ist die Wahrscheinlichkeit groß, daß Entscheidungen im zivilen Großflugzeugbau nicht nur an ökonomischen Effizienzkriterien gemessen werden.

6.3 Airbussubventionen in den Partnerländern

Die nachstehende Tabelle "Summary of Available Public Information on Government Support" zeigt, daß die offiziell von staatlicher Seite geleisteten bzw. zu leistenden Airbussubventionen inzwischen beachtliche Größenordnungen erreicht haben. Den Hauptanteil haben daran Zuschüsse für Entwicklungskosten, doch sind auch Hilfen zur Finanzierung des Absatzes und der Gewinnbildung enthalten. Am höchsten sind die offiziell ausgewiesenen öffentlichen Transfers in der Bundesrepublik Deutschland: Bis August 1988 wurden Zahlungen in Höhe von 5,4 Mrd. DM geleistet, das Bewilligungsvolumen erreichte - Stand 1988 - annähernd den gleichen Betrag.

Für die anderen Partnerländer hat die EG geringere Zuschüsse errechnet. Allerdings kann aus diesen Zahlen nicht direkt auf das tatsächliche Subventionsvolumen geschlossen werden: zum einen sind in den einzelnen Ländern die Formen der Zuschußgewährung unterschiedlich, zum anderen werden nicht alle Transfers als Subventionen angesehen. In diesem Zusammenhang sind die Kapitalinfusionen in Frankreich zu erwähnen. Bei den Transfers in Tabelle V, 6.3/1 handelt es sich deshalb um eine Untergrenze der öffentlichen Beteiligung am zivilen europäischen Großflugzeugbau.

Tabelle V, 6.3/1

Airbus-Subventionen

Country/Type of Aid	Amount	Period
Germany		
Bisherige Zahlung	5419 Mill. DM	bis Aug.1988
Noch offenes Bewilligungsvolumen	5305 Mill. DM	
Absatzfinanzierung	769 Mill. DM	bis 1991
Serienfinanzierung		
Produktionshilfe	689 Mill. DM	1988
Sanierung Altlasten A 330/A 310	1900 Mill. DM	1988
Leistungen A 320	670 Mill. DM	1988
Entwicklungskostenzuschüsse		
A 300/A 310/A 320	3699 Mill. DM	
A 330/A 340	2996 Mill. DM	
France		
Development Cost		
A 320	8505 Mill. FF	until 1989
A 330/A 340	2731 Mill. FF	until 1989
Reimbursable Loans A 330/A 340	5650 Mill. FF	
United Kingdom		
Total Government Support	749,3 Mill. £	1979-1990
of which: disbursed	524 Mill. £	
Support A 330/ A 340	450 Mill. £	
Spain		
Total Government Support	24267,5 Mill. Pta	until 1987
of which:		
Development Aid		
A 300/A 310/A 320	20351,5 Mill. Pta	1974-1987
A 330/A 340	172 Mill. Pta	1987

Quelle: EC-DG I, 1990.

6.4 Zur Subventionsproblematik

Wichtige Voraussetzungen für einen vornehmlich durch wirtschaftliche Leistungsfähigkeit der Marktteilnehmer bestimmten Wettbewerb im zivilen Großflugzeugbau sind:

- Transparenz über das Zusammenspiel zwischen Staat und Wirtschaft;
- Einigung über Art und Ausmaß staatlicher Förderung.

Beispielhaft zeigen die seit geraumer Zeit mit unterschiedlicher Intensität zwischen den USA und Europa geführten Subventionsdebatten und die GATT-Verhandlungen, daß diese Bedingungen noch bei weitem nicht erfüllt sind. Eine Änderung wird indes nur zu erzielen sein, wenn die gegenwärtige Situation von allen Teilnehmern als Ausgangsbasis für einheitliche Rahmenbedingungen akzeptiert wird. Diese Einschätzung ergibt sich aus der näheren Betrachtung der Subventionsdebatte.

Die bereits erwähnten militärischen Transportflugzeugprogramme liegen schon weiter zurück. Auch wenn diese strategisch nicht zur Begünstigung des zivilen Flugzeugbaus und Verdrängung ausländischer Konkurrenz eingesetzt wurden, so dürften sie doch zu der heutigen Vormachtstellung der amerikanischen Industrie beigetragen haben. Die Untersuchung hat gezeigt, daß der Marktneuling Airbus Industrie aufgrund hoher Entwicklungskosten, der economies of scale und scope, Lernkurveneffekte, Vertrauensbildung bei Nachfragern und Lieferanten sowie langer Zeiträume bis zum Erreichen des break even points gravierende Wettbewerbsnachteile hatte. Diese konnten zunächst nur über staatliche Subventionen kompensiert werden und brachten den etablierten amerikanischen Unternehmen einen Argumentationsvorteil: Ihre zentrale staatliche Unterstützung lag weiter zurück und in der erreichten besseren Marktposition konnten sie auf Wettbewerb pochen.

Doch in Europa waren in der Aufbauphase Forderungen nach mehr Transparenz, Offenlegung der Kosten sowie Verzicht auf Subventionierung des zivilen Großflugzeugbaus nicht zu erfüllen. An dem Problem vorbei gingen insofern auch amerikanische

Berechnungen[38], mit denen auf der Basis von cash flow-Berechnungen für die A 300/A 310 und A 320 der Nachweis erbracht werden sollte, daß der europäische zivile Großflugzeugbau

- nur über Subventionen den break even point erreichen kann,
- unter günstigen Bedingungen die amerikanische Luftfahrtindustrie ein mit dem A 300/A 310 vergleichbares Projekt eingestellt hat,
- der A 320 zur Erreichung des break even points erst zu einem Preis von 31,9 Mill. US $ (Preisbasis 1984) bzw. 1000 verkauften Flugzeugen den break even point erreichen könnte.

Die Berechnungen basieren auf Status quo-Bedingungen und klammern aus, daß die Airbus Industrie mit zunehmender Marktpräsenz und kompletter Produktfamilie wettbewerbsfähiger ist.

6.4.1 Amerikanische Beispiele zur Cash Flow-Berechnung (aus European Trade Practices)

Cumulative Cash Flow

. Since complete Airbus financial data is not published, it is impossible to report actual cash flow status.
. However, it is possible to estimate the cumulative Airbus cash flow to date by:
    . Using published Airbus data concerning launch (development) costs
    . Using U.S. industry data concerning other costs (i.e., recurring)
    . Applying these data to Airbus published actual deliveries to date, and
    . Estimating future deliveries by model.
. Based on this approach, a cash flow projection was developed by Boeing which is believed to realistically approximate the Airbus program cash flow profile (for total program).

[38] European Trade Practices, AIA.

- The results of this analysis are shown on the facing page - total negative cash flow to date is $ 8 to $ 10 billion (1984 dollars).
- The negative cash flow will grow to $ 15 to $ 18 billion by the next decade, including real interest costs (4%).
- There is therefore no prospect for recovery of those government provided funds, which must be considered as subsidies.

Abb. V. 6.4/1

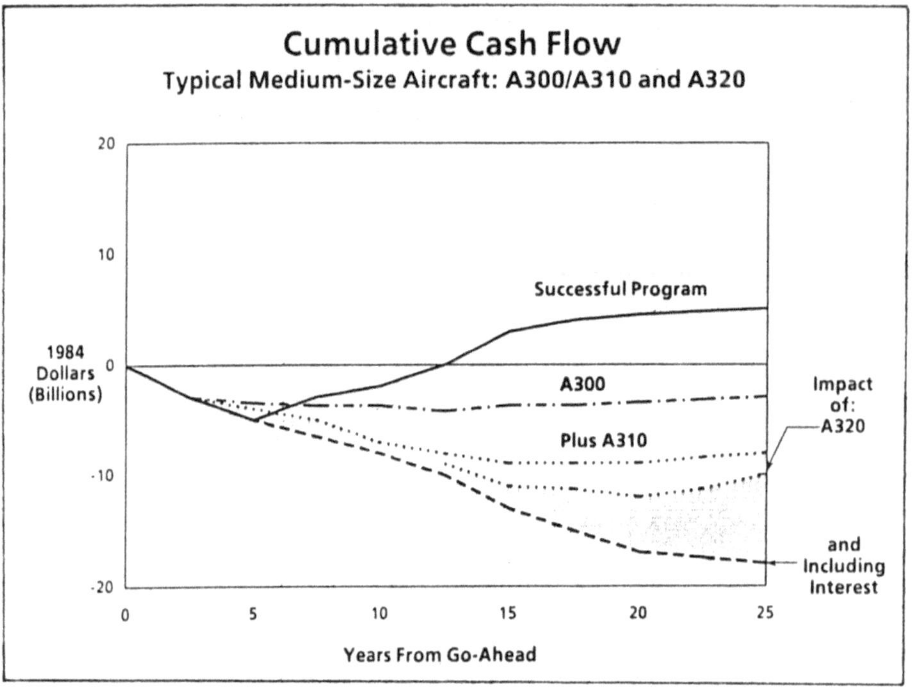

Quelle: European Trade Practices, AIA.

First Ten Years of Deliveries

L-1011 vs. A 300/A 310

- Total deliveries of the two programs were almost identical - 223 L-1011s and 240 A 300/A 310s.
- L-1011 had more deliveries early in the program.
- Slower delivery schedule for A 300/A 310 delayed significant cash flow.
- Even with greater sales in first seven to eight years, Lockheed cancelled the program as uneconomical and unprofitable.

Abb. V, 6.4/2

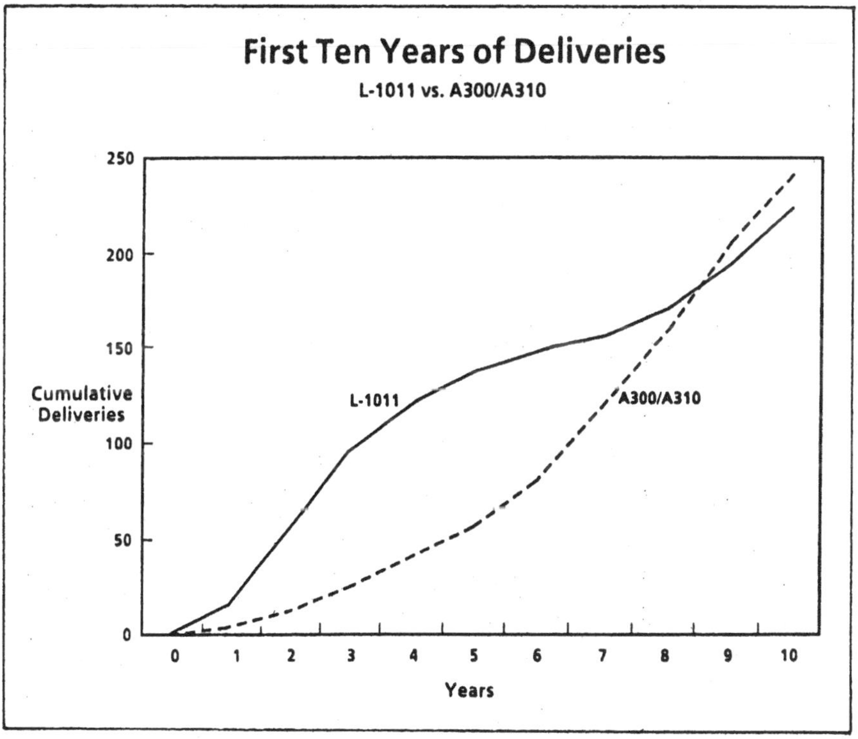

Quelle: European Trade Practices, AIA.

A 320 Market Price

- Price as determined by market factors would be $ 25 million.
    - Direct operation cost
    - Range
    - Payload (including freight)
    - Real interest rate
    - Wide or narrow body

- At this price, A 320 does not break even before 1,000 units sold; including interest, program never breaks even.
- A 320 actually being discounted in market to $ 25 million.

Abb. V, 6.4/3

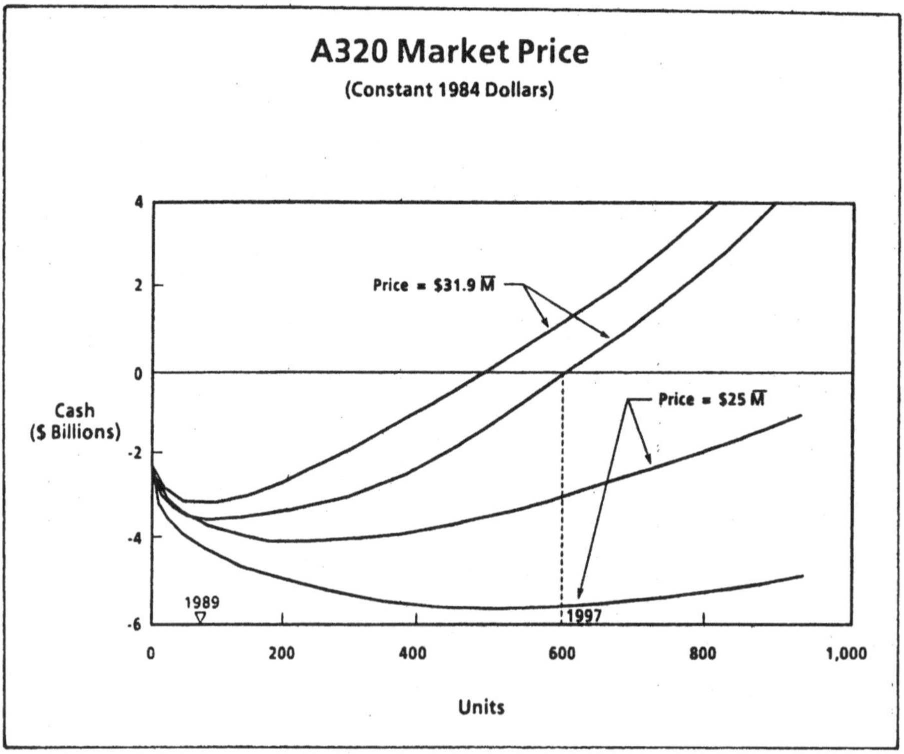

Quelle: European Trade Practices, AIA.

6.5 Die Subventionsproblematik muß international gelöst werden

Auch wenn diese cash flow-Berechnungen nicht als Begründung für eine europäische Subvention des Großflugzeugbaus herangezogen werden sollten, so veranschaulichen sie doch das für Marktneulinge sehr hohe Risiko und die langen Amortisationszeiten, wodurch ein "rein privatwirtschaftlicher" Marktzutritt praktisch ausgeschlossen wird.

Heute hat sich die Situation des zivilen europäischen Großflugzeugbaus grundlegend geändert. Mit der bald komplettierten Angebotspalette sowie den erreichten Verkaufszahlen produziert die Airbus Industrie - vielleicht mit Ausnahme des Wechselkursrisikos - unter Bedingungen, aus denen sich gravierende Wettbewerbsnachteile kaum noch ableiten lassen. Wenn die USA und Europa sich darauf verständigen könnten, daß auf der Basis der gegenwärtigen Situation die Rahmenbedingungen für den Wettbewerb im zivilen Flugzeugbau zu definieren sind, dann wäre eine wichtige Voraussetzung für einen marktwirtschaftlichen Wettbewerb gegeben. Eine solche Vereinbarung wird indes erst realistisch, wenn der zivile europäische Flugzeugbau eine Organisations- und Produktionsstruktur erreicht hat, die es ihm ermöglicht, eine solche wettbewerbliche Herausforderung anzunehmen. In dem zusammenfassenden und resümierenden Schlußkapitel wird auf diese Aspekte vertiefend eingegangen.

VI Zusammenfassung und Wertung

1 Globale Rahmenbedingungen

1.1 Nachfrage nach zivilen Großverkehrsflugzeugen: Günstige Wachstumsperspektiven, aber Risiken

Der zivile Großflugzeugbau befindet sich weltweit in einer starken Expansionsphase. Luftverkehrsgesellschaften und Flugzeughersteller rechnen in ihren bis 2006 reichenden Prognosen mit durchschnittlichen jährlichen Zunahmen des Lufttransportaufkommens von etwa 6%. Zur Befriedigung der Nachfrage werden etwa 9000 Düsenverkehrsflugzeuge mit 100 und mehr Sitzplätzen mit einem Marktwert von rund 500 Mrd. US $ (Preisbasis 1989) notwendig sein. Die Produktionskapazitäten sind bis Mitte des Jahrzehnts ausgebucht, die Marktsituation läßt sich mit "Verkäufermarkt" charakterisieren. Einschränkend muß darauf hingewiesen werden, daß die bereits georderten Flugzeuge noch nicht als verkauft angesehen werden können. In der Branche ist es üblich, daß bei geänderten wirtschaftlichen Rahmenbedingungen Fluggesellschaften von ihren Orders zurücktreten oder diese umwandeln. Das Risiko der Hersteller wird aufgrund von zwei Entwicklungen erhöht.

- Weitere Konzentrationen bei den Fluggesellschaften stärken die Nachfragermacht.
- Durch die zunehmende Bedeutung von Leasingunternehmen verlieren die Hersteller nicht nur den direkten Kontakt zu Fluggesellschaften, sondern haben es darüber hinaus mit - gemessen am Auftragsvolumen - sehr kapitalschwachen Großkunden zu tun. Die Hersteller versuchen deshalb, den Anteil der Leasingfirmen am gesamten Bestellvolumen nicht größer als 20% werden zu lassen.

In der Branche ist man sich weitgehend einig darüber, daß die gegenwärtigen Orders und Optionen ein zu günstiges Bild zeichnen. In Anbetracht der langen Lieferfristen wollen die Nachfrager mit den Optionen den Eventualfall ungebrochener Aufwärtsentwicklung absichern. Insgesamt bestehen heute aber kaum Zweifel darüber, daß der zivile Großflugzeugbau längerfristig eine Wachstumsindustrie bleibt, ohne daß eine kontinuierliche Entwicklung vorausgesetzt werden kann. Risiken bestehen u.a. in

- der Entwicklung der Weltwirtschaft. Die Nachfrage nach Luftverkehrsleistungen und damit nach Erzeugnissen des zivilen Großflugzeugbaus ist direkt abhängig von

der Entwicklung der Weltwirtschaft. Insbesondere bei dem an Bedeutung eher zunehmenden Charterverkehr ist die Nachfrageelastizität deutlich größer als 1.
- der Entwicklung des Ölpreises.
- Kapazitätsengpässen in der Luft sowie auf den Flughäfen.
- Problemen, die sich aus dem Umweltschutz ergeben können.

1.2 Marktkonstellation führt zu hoher Wettbewerbsintensität

Trotz der sehr guten Nachfragesituation herrscht auf dem Markt starker Wettbewerb. Dies ist vor allem auf folgende Faktoren zurückzuführen:

- Weltweit gibt es derzeit in der westlichen Welt drei Hersteller ziviler Großflugzeuge. Zwar stehen diesen mehr als 200 Fluggesellschaften als Nachfrager gegenüber, doch sind - gemessen an ihrem Nachfragepotential - nicht mehr als zwanzig von Bedeutung. Die für einen solchen Markt geltende Marktform des engen Oligopols ist gekennzeichnet durch eine hohe Wettbewerbsintensität.
- Es handelt sich um einen Markt mit sehr hoher Transparenz. Da der Käufer weltweit nur unter drei Angeboten wählen kann, werden Kaufentscheidungen kurzfristig bekannt. Ebenso können Veränderungen in der Qualitäts-, Mengen-, Preis-, Produktpolitik mit dem Ziel, sich Wettbewerbsvorteile zu verschaffen, nicht lange verborgen bleiben. Es ist mit Anpassungsreaktionen der Konkurrenz zu rechnen.
- In Anbetracht der geringen Stückzahl, bei sehr hohem Produktwert sowie der Erwartung, mit der Gewinnung eines neuen Käufers eine längerfristige Geschäftsbeziehung aufbauen zu können, sind die Hersteller auch in Phasen des Nachfrageüberhangs nicht gewillt, Aufträge an die Konkurrenz zu verlieren.

1.3 US-amerikanische Dominanz

Mit Einführung des Düsenverkehrsflugzeugs hat die amerikanische Industrie praktisch bis in die achtziger Jahre hinein den Großflugzeugbau beherrscht. Für die Entwicklung dürften vor allem folgende Gründe maßgebend sein:

- Der große Binnenmarkt mit relativ weit auseinanderliegenden Ballungszentren scheint für das Verkehrsmittel "Flugzeug" geradezu prädestiniert.
- Der militärische Transportflugzeugbau wurde durch die spezielle militärische Aufgabenstellung, über große Entfernungen operieren zu können, sowie den hoher Wehretat begünstigt. Auch wenn dies verschiedentlich von amerikanischer Seite bestritten wird, sind die davon ausgehenden Impulse auf den zivilen Flugzeugbau nicht zu leugnen.

Die Dominanz der Vereinigten Staaten zeigt sich sowohl auf der Nachfrage- als auch der Angebotsseite:

- Von den zwanzig größten Flugzeuggesellschaften der Welt beschäftigen nordamerikanische Gesellschaften die Hälfte des Personals und betreiben 67% des gesamten Flottenbestandes.
- Größter Einzelhersteller ziviler Großverkehrsflugzeuge ist Boeing. Dieses Unternehmen erwirtschaftete 1989 mit 14,4 Mrd. ECU nicht nur den höchsten Umsatz, sondern verfügt gegenwärtig als einziges Unternehmen über eine komplette Flugzeugfamilie mit einer Monopolstellung bei der 747. An zweiter Stelle folgt McDonnell Douglas mit einem Umsatz von 11,3 Mrd. ECU. Auch wenn diese Umsätze teilweise mit Aufträgen aus dem militärischen Bereich und der Raumfahrt erzielt werden, so verdeutlichen sie doch das unternehmerische Potential. Der Umsatz des größten europäischen Luft- und Raumfahrtunternehmens "British Aerospace" war mit 6,1 Mrd. ECU um mehr als die Hälfte geringer als der von Boeing.
- Der Marktanteil ziviler Düsenflugzeuge europäischer Hersteller beträgt gemessen an den Bestellungen etwa 18% (1988), der Rest entfällt auf amerikanische Erzeugnisse.

1.4 Der zivile Großflugzeugbau ist ein Teilbereich der Luft- und Raumfahrtindustrie

Die beiden amerikanischen Hersteller sowie die Partnerunternehmen der Airbus Industrie sind neben dem Großflugzeugbau auch in der Militärtechnik und der Raumfahrt tätig. Es besteht heute auch weitgehend Konsens darüber, daß die Vereinigung dieser drei Geschäftsfelder eine wichtige Voraussetzung für wirtschaftlich rentable technologische Entwicklungen und die Konkurrenzfähigkeit im zivilen Tätigkeitsfeld ist.

Das jährliche Produktionsvolumen in der Luft- und Raumfahrt der westlichen Industrieländer wird auf 150 Mrd. US $ geschätzt. Davon entfallen auf

- den militärischen Flugzeugbau 55%
- den zivilen Flugzeugbau 30%
- die Raumfahrt 15%

1.5 Die europäische Luft- und Raumfahrtindustrie hat nicht nur größenbedingte Nachteile gegenüber den USA

Die europäische Luft- und Raumfahrtindustrie nimmt hinter den Vereinigten Staaten, jedoch weit vor Japan in der westlichen Welt den zweiten Platz ein. Der konsoldierte Umsatz dieses Sektors belief sich 1988 auf 31,6 Mrd. ECU, die Zahl der Beschäftigten beträgt ca. 500 000. Im Vergleich mit den Vereinigten Staaten ist die europäische Industrie nicht nur kleiner, sondern hat auch eine geringere Produktivität. Die Produktivität je Beschäftigten betrug 1988 (zu Preisen von 1985) in Europa durchschnittlich 58 000 ECU gegenüber 117000 ECU in den USA.

Die Luft- und Raumfahrtindustrie ist wegen ihrer militärischen Bedeutung traditionell sehr national. Auch wenn alle Großprojekte in den Bereichen ziviler Großflugzeugbau, militärischer Flugzeugbau und Raumfahrt im Rahmen europäischer Kooperationen erfolgen, so darf dies nicht darüber hinwegtäuschen, daß weiterhin nationales Autarkiedenken - mit allerdings unterschiedlicher Intensität - die Aktivitäten der einzelnen Länder in diesen Bereichen prägen. Die Konsequenz daraus ist, daß vielfältig Doppel- und Mehrfachforschung betrieben wird. Somit führen Additionen in Europa zu Umsatz- und Beschäftigtenzahlen, die für einen Leistungsvergleich mit denen der amerikanischen Industrie nur bedingt geeignet sind.

1.6 Airbus Industrie repräsentiert den europäischen zivilen Großflugzeugbau

Die Airbus Industrie wurde 1970 in der Rechtsform des Groupement d'Intérêt Economique (GIE) gegründet. Gesellschafter sind heute mit Anteilen

Aérospatiale (Frankreich)	37,9%
Deutsche Aerospace	37,9%
British Aerospace (BAe)	20,0%
CASA (Spanien)	4,2%

Von den größeren europäischen Luft- und Raumfahrtländern fehlt Italien.

In der Gründung der Airbus Industrie sahen die Partner eine Möglichkeit, die europäische Luft- und Raumfahrtindustrie im Bereich des zivilen Großflugzeugbaus kompetent zu erhalten. Ausschlaggebend waren politische und technologische Gründe.

Düsenverkehrsflugzeuge mit mehr als 100 Sitzen werden heute in Europa ausschließlich von der Airbus Industrie produziert. Die Airbus Industrie ist neben den beiden amerikanischen Herstellern Boeing und McDonnell Douglas der dritte Anbieter von Verkehrsgroßflugzeugen in der westlichen Welt. Bis Mitte der neunziger Jahre wird sie über eine komplette Flugzeugfamilie und über eine jährliche Produktionskapazität von 162 Flugzeugen verfügen. Zielvorstellungen des Unternehmens ist ein Anstieg seines Anteils an den Auslieferungen von zivilen Düsengroßflugzeugen von derzeit 18% auf 30%.

Bei einer Betrachtung des Unternehmens ist u.a. zu beachten:

- Die Airbus Industrie ist Newcomer auf dem Markt für zivile Verkehrsgroßflugzeuge. Damit wurde dem anhaltenden Konzentrationsprozeß entgegengewirkt. Der letzte ausgeschiedene Großhersteller auf diesem Markt war das amerikanische Unternehmen Lockheed.
- Die Airbus Industrie selbst ist eine Gesellschaft mit relativ wenig Entscheidungsbefugnis und ohne Eigenkapital. Die Rechtsform der GIE ermöglicht ein europäisches Kooperationsvorhaben, ohne daß die Partnerunternehmen umfangreiche Kompetenzen abgeben mußten. Wichtige Entscheidungen können nur im Einvernehmen der Partner getroffen werden.
- Die Partnerunternehmen sind gleichzeitig die wichtigsten Subcontractors. Das an die Partner zu vergebende Auftragsvolumen richtet sich nach dem Beteiligungsanteil.
- Gewinne bzw. Verluste der Airbus Industrie werden entsprechend ihrer Anteile auf die Partner verteilt. Das Betriebsergebnis der Airbus Industrie wird über entsprechende Transfers zwischen der Airbus Industrie und den Partnern permanent ausgeglichen.

Zu Beginn des Projektes diente die Airbus Industrie mehr als Katalysator für das Zustandekommen und Funktionieren der Kooperation zwischen den Partnern. Im Zeitverlauf hat die Airbus Industrie unternehmerische Funktionen zwar übernommen, sie ist aber hinsichtlich ihrer Entscheidungskompetenz mit anderen selbständig am Markt operierenden Unternehmen nicht vergleichbar.

2 Wettbewerbsfähigkeit der zivilen europäischen Luftfahrtindustrie

2.1 Messung der Wettbewerbsfähigkeit

Zur Messung der Wettbewerbsfähigkeit einer Branche oder eines Unternehmens gibt es in der Wissenschaft keine allgemeingültigen Konzepte. Die Wettbewerbsfähigkeit ist ein zukunftsorientiertes Kriterium, die verfügbaren Indikatoren resultieren aber aus Entwicklungen der Vergangenheit. Hinzu kommt, daß bei der Interpretation der Indikatoren

Besonderheiten der Branche zu beachten sind und auf die Marktkonstellation sowie die Marktsituation einzugehen ist.

Von den Indikatoren, die zur Beurteilung der Wettbewerbsfähigkeit allgemein herangezogenen werden, beschreiben die Vergangenheit: Entwicklung von Gewinnen, Marktanteilen, Produktivität. Zukunftsorientiert sind: FuE-Aufwendungen, Investitionen, Prototypen, Patente, Lizenzen. Bei letzteren handelt es sich in der Regel um Aufwendungen, deren Erträge oder Wirkungen erst wesentlich später erwartet werden.

Die Wettbewerbsfähigkeit läßt sich nicht in Form einer quantitativen Größe messen. Sie ergibt sich in der zusammenhängenden Bewertung der einzelnen Indikatoren. In der vorliegenden Untersuchung dienen vor allem Marktentwicklung und Marktkonstellation zur Beschreibung der Rahmenbedingungen für den Wettbewerb und als Faktoren, die wesentlich die Wettbewerbsfähigkeit bestimmen. Neben der Auswertung dieser Sekundärinformationen wurden aber auch originäre, bei den Marktteilnehmern selbst erfragte Informationen einbezogen.

Befragt worden sind Repräsentanten der Industrie, industrienaher Organisationen der Politik sowie von Fluggesellschaften. Die Befragung von Repräsentanten der Fluggesellschaften ist insofern besonders interessant, weil sie am besten zur vergleichenden Bewertung der Produkte in der Lage sein dürften. Außerdem ließe sich hier aufgrund der großen Unternehmenszahl theoretisch das Kontrollgruppenkonzept anwenden.

2.2 Aussagen zur Wettbewerbsfähigkeit

2.2.1 Positive Entwicklung der Nachfrage nur bedingt aussagekräftig

Der Absatz der Flugzeuge der Airbus Industrie hat sich nach erst sehr zögerlichem Beginn in den letzten Jahren sehr positiv entwickelt. Insbesondere mit dem A 320 hat die Airbus Industrie Produktions- und Absatzzahlen erreicht, die weit höher sind als ursprünglich geplant. Einschließlich der Bestellungen handelt es sich bei dem A 320

- gemessen an der Stückzahl - um das erfolgreichste europäische Verkehrsflugzeug aller Zeiten. Es gilt aber zu beachten, daß

- in der Konstellation eines ausgesprochenen Käufermarktes mit langen Lieferfristen bei allen Herstellern die Verkaufserfolge nur bedingt als Gradmesser für die Wettbewerbsfähigkeit herangezogen werden können. Offen bleibt, wie sich die Airbus Industrie in ungünstigeren Marktphasen behaupten kann;
- die Airbus Industrie nach Aussage von Repräsentanten der Industrie den Preis der Konkurrenten als Datum behandelt und das eigene Angebot darauf abstimmt;
- die Airbus Industrie die Gewinnzone noch nicht erreicht hat und es auch Hinweise dafür gibt, daß die Partnerunternehmen im Bereich des zivilen Großflugzeugbaus rote Zahlen schreiben.

Ein wichtiger Indikator dafür, daß die Fluggesellschaften die Airbus Industrie als kompetenten Hersteller ziviler Verkehrsflugzeuge ansehen, sind die Bestellungen von noch nicht produzierten und damit am Markt noch nicht getesteten Modellen wie den A 330/A 340.

2.2.2 Trotz günstiger Position des Marktführers Boeing ist ein Verdrängungswettbewerb unwahrscheinlich

Beim Markt für zivile Verkehrsgroßflugzeuge handelt es sich um ein enges Oligopol. Hohe Transparenz und Marktzutrittsbarrieren bedeuten einen hohen Konkurrenzdruck. Bei solchen Märkten besteht die latente Gefahr des Verdrängungswettbewerbs. Die Theorie und Beobachtungen des Verhaltens der Marktteilnehmer anderer Industrien lehrt, daß in solchen Situationen die Unternehmen zu Absprachen neigen.

Im zivilen Großflugzeugbau ist Boeing aufgrund der Unternehmensgröße, der kompletten Flugzeugfamilie, der Marktanteile, der Gewinnsituation sowie der Monopolstellung bei der 747 Marktführer. Während dieses Unternehmen deutlich positive Betriebsergebnisse erwirtschaftet, befinden sich die beiden Konkurrenten McDonnell Douglas und Airbus Industrie trotz ausgelasteter Produktionskapazitäten und guter Auftragslage in der

Verlustzone. Allerdings besteht bei den letztgenannten Unternehmen ein wichtiger Unterschied: Die Airbus Industrie ist Marktneuling und hatte entsprechende Markthürden zu überwinden, während es sich bei McDonnell Douglas um einen erfahrenen, am Markt etablierten Hersteller handelt. Die ungünstige Ertragssituation von McDonnell Douglas wird neben rückläufigen Militäraufträgen vor allem auch auf eine verfehlte Politik im zivilen Großflugzeugbau zurückgeführt. So habe der Konzern an der DC-10 zwei Jahrzehnte praktisch nichts verdient.[39] Es fehlte damit die zur Finanzierung der Nachfolgemodelle notwendige Basis.

Die Voraussetzungen zur Auslösung eines Verdrängungswettbewerbs erscheinen für Boeing unter den gegebenen Bedingungen auf den ersten Blick sehr günstig: Beide Konkurrenten befinden sich in einer ertragsschwachen Situation und in Umstrukturierungsprozessen bzw. im Aufbau. Dennoch sprechen vor allem drei Argumente gegen ein solches wettbewerbspolitisches Verhalten:

- Beide Konkurrenten sind auch im militärischen Bereich und der Raumfahrt engagiert. Die nationalen Regierungen dürften schon deshalb einem Verdrängungswettbewerb entgegenwirken.
- Die Fluggesellschaften sind nicht zuletzt aus Wettbewerbs- und Kostengründen an Alternativangeboten interessiert. Sie würden zu verhindern suchen, daß ein Anbieter aufgrund seiner Monopolstellung die Konditionen diktiert.
- Bei einer weiteren Konzentration sowie Stärkung der Marktposition müßte Boeing mit Auflagen der Monopolkommission rechnen. Als politisch besonders brisant wäre einzustufen, wenn das einzige nicht amerikanische Unternehmen dem Verdrängungswettbewerb zum Opfer fiele.

[39] Wirtschaftswoche Nr. 31, 1990, S. 119.

2.2.3 Marktzutrittsbarrieren

Die Marktzutrittsbarrieren sind sehr entscheidend dafür, inwieweit etablierte Unternehmen Marktpositionen gewinnbringend nutzen können. Im zivilen Flugzeugbau sind die Zutrittsbarrieren besonders hoch. Dafür maßgebend sind vor allem:

- Die hohen Entwicklungskosten, die lange Entwicklungsdauer bis zur Erreichung des break even points und das damit verbundene Risiko. Die Kosten für die Entwicklung eines Verkehrsgroßflugzeugs werden auf etwa 3 Mrd. ECU bis 4 Mrd. ECU veranschlagt, der break even point ist bei positiven Programmen nach etwa 15 Jahren zu erreichen.
- Die Produktionskosten sind in starkem Maße von der Zahl der produzierten Flugzeuge sowie den Möglichkeiten abhängig, innerhalb einer Produktfamilie Synergieeffekte nutzen zu können. Nach Aussagen der Branche reduzieren sich die Produktionskosten allein aufgrund der sogenannten Lernkurveneffekte mit der Zahl der hergestellten Flugzeuge erheblich. Sie sind bei dem tausendsten produzierten Flugzeug um etwa 50% niedriger als beim ersten. Lassen sich im Rahmen einer Produktfamilie Arbeitsgänge vereinheitlichen, reduzieren sich die Kosten noch stärker. Das bedeutet, daß ein Newcomer auch unter sehr günstigen Bedingungen wie niedriges Lohnniveau nicht in der Lage sein kann, Flugzeuge billiger zu produzieren als die Konkurrenz.
- Die sehr scharfen Zulassungsbedingungen garantieren, daß die Flugzeuge den Sicherheitsanforderungen entsprechen. Trotzdem haben Marktneulinge es sehr schwer, das Vertrauen der Fluggesellschaften zu gewinnen, wie es aufgrund längerer Geschäftsbeziehungen zwischen den etablierten Anbietern und den Nachfragern besteht. Ferner fehlen Erfahrungen mit den neuen Flugzeugen, auch hinsichtlich der laufenden Betriebskosten. Bei dem A 320 setzen sich die DOC wie folgt zusammen:
  - Kaufpreis 40%
  - Treibstoff 20%
  - Besatzung 20%
  - Wartung 10%
  - Gebühren 10%

Es liegt auf der Hand, daß die Relationen sich bei veränderten Rahmenbedingungen wie z.B. höheren Treibstoffpreisen ändern. Gleichwohl zeigen sie, in welchen Bereichen der Marktneuling bei seiner Produktauslegung versuchen kann, gegenüber der Konkurrenz Vorteile zu erringen.

Diese Relationen spiegeln nur ungenügend die Bedeutung von "product support" and "maintenance". Der Airbus Industrie fehlte als Marktneuling zunächst die Gelegenheit, ihre Leistungsfähigkeit in diesen Bereichen nachweisen zu können. Auch hatte sie nicht die Möglichkeit, die Flugzeuge in der praktischen Anwendung zu testen. Somit gingen die ersten Kunden der Airbus Industrie diesbezüglich ein geschäftliches Risiko ein, das die Airbus Industrie zu Preisnachlässen zwang.

2.2.4 Zivile europäische Großflugzeuge sind technisch/qualitativ zumindest gleichwertig

Die im Rahmen der Untersuchung durchgeführten Befragungen von zwei europäischen und einer asiatischen Fluggesellschaft ergaben zwar Bewertungen einzelner Teilaspekte, doch waren sich die Befragten darüber einig, daß die Airbus Industrie heute ein gegenüber den amerikanischen Unternehmen gleichwertiger Wettbewerber ist. Bei der Anschaffung von Flugzeugen seien neben einer generellen, auch durch das Image bestimmten Wertung vor allem die direct operating costs (DOC) sowie die damit in Zusammenhang stehende Systemkompatibilität maßgebend.

Begrüßt wurde einhellig, daß mit der Airbus Industrie ein weiterer Anbieter auf dem Markt sei. So habe Boeing die Monopolstellung bei der 747 teilweise für Koppelgeschäfte genutzt, d.h. die Lieferung des Typs 747 sei davon abhängig, daß der Käufer seinen anderweitigen Flugzeugbedarf ebenfalls mit Produkten dieses Herstellers decke. Boeing werde auch künftig bei der 747 aufgrund bereits amortisierter Entwicklungskosten und produktiver Fertigung um diese Monopolstellung nicht fürchten müssen, doch habe die zunehmende Kompetenz und die Ausweitung der Produktpalette der Airbus Industrie den Wettbewerb insgesamt belebt und bereits wettbewerbsdisziplinierend gewirkt.

Nach Auskunft der befragten Repräsentanten der Fluggesellschaften waren die ersten Airbusflugzeuge zwar technisch leistungsfähig, doch hinsichtlich "maintenance" und "product support" nicht optimiert. Verkaufshemmend hätte sich auch die fehlende Familie bemerkbar gemacht. Die gleiche Cockpitphilosophie ermögliche insbesondere den kleinen Fluggesellschaften größere personelle Flexibilität und wirke damit rationalisierend.

Insgesamt ergibt sich aus der Sicht der befragten Airlines bezüglich der Wettbewerbsfähigkeit folgendes Bild:

- Die Airbusflugzeuge sind technologisch fortschrittlich.
- Die technischen Vorteile der europäischen Flugzeuge führen zu relativ geringen Wettbewerbsvorteilen, da die Amerikaner zunächst mit Derivaten und dann mit Neuentwicklungen reagiert haben. Unter technisch/betriebswirtschaftlichen Aspekten gibt es keine grundlegenden Vorteile für den einen oder anderen Hersteller.
- Die Modernität der Airbus-Familie kann sich aber längerfristig auszahlen. Die Flugzeuge erfüllen bereits alle gegenwärtig und mittelfristig erwarteten Umweltauflagen. Damit besteht für die Airbus Industrie vorerst nicht die Notwendigkeit zu aufwendigen Anpassungen. Weiterentwicklungen (Derivate) sind insbesondere dann teuer, wenn diese von der Zulassungsbehörde als Neuentwicklung eingestuft werden und die sowohl zeitaufwendigen als auch kostenintensiven Zulassungsverfahren zu durchlaufen haben.

Die Airbus Industrie habe aber noch nicht den Stand erreicht, um allen zukünftigen Anforderungen gerecht zu werden. So wurde von den Befragten u.a. ausgeführt:

- Die Ersatzteile sind teilweise zu teuer.
- Die Airbusproduktion muß flexibler und teilweise kostengünstiger gestaltet werden. Das gilt auch für die Entwicklung. Doppelarbeiten und lange Entwicklungszeiten machen sich hier besonders nachteilig bemerkbar.
- Die Entscheidungsprozesse sind zu langwierig, so daß man zu spät auf Marktveränderungen reagieren kann. Der Prozeß der Entscheidungsfindung für den Bau und die Endmontage des A 321 sind hierfür ein Beispiel.

- Die Kapazitäten müssen noch stärker auf marktliche Veränderungen ausgerichtet werden mit dem Ziel, vorhandene Nachfrage auch realisieren zu können.
- Die angewendeten Fertigungsmethoden sind zwar bei allen Konkurrenten auf einem durchweg hohen technischen Stand. Allerdings sind Rationalisierungen in der Verwaltung notwendig.

2.2.5 Die Modellpolitik der Hersteller: Produktvariationen schaffen Wettbewerbsvorteile

Die Flugzeughersteller versuchen, ihre Modelle auf ein bestimmtes Marktsegment hin auszurichten. Wenn sich herausstellt, daß die Sicherheitsreserven tatsächlich größer sind als bei der Entwicklung ursprünglich kalkuliert, dann kann das Flugzeug "gestreckt" werden. Durch die größere Fluggastzahl verringern sich die Betriebskosten je Sitzplatz. Die amerikanischen Hersteller haben mit Produktvariationen lange Zeit versucht, die Vorteile, die der Airbus aufgrund neuerer Technologie hatte, zu kompensieren. Wie die Befragungen der Fluggesellschaften ergaben, war diese Politik zunächst erfolgreich. Die zunehmende Akzeptanz der Airbusmodelle hat aber offensichtlich die amerikanische Industrie gezwungen, diese kostensparende Modellpolitik aufzugeben und ebenfalls stärker auf neue Technologien zu setzen. Die amerikanischen Hersteller begründen ihre in den letzten Jahren verstärkte Modernisierungspolitik damit, daß neue Technologien - unabhängig von der Airbus Industrie - immer dann eingeführt werden, wenn sie technisch ausgereift und ökonomisch rentabel seien.

2.2.6 Airbus Industrie: Bis zur Erlangung der Wettbewerbsfähigkeit ist es ein langer Weg

2.2.6.1 Technologische Vorreiterrolle

Um sich auf dem Markt zu etablieren, mußte die Airbus Industrie Flugzeuge entwickeln, die gegenüber der Konkurrenz deutliche Vorteile bei den DOC aufwiesen. Zu kompensieren waren Nachteile bei den economies of scale und Lernkurveneffekten,

Unerfahrenheit in "product support", "maintenance" sowie die Skepsis der Fluggesellschaften gegenüber den neuen Flugzeugen und der langfristigen Leistungsfähigkeit des neuen Anbieters. Es liegt auf der Hand, daß diese Bedingungen privatwirtschaftliche Kapitalanleger kaum zu einem Engagement im europäischen zivilen Großflugzeugbau animieren konnten, auch wenn der in der Startphase sehr günstige Wechselkurs des US $ dem Projekt zunächst entgegenkam. Ein Engagement im zivilen Großflugzeugbau war deshalb nur möglich, wenn neben rein kommerziellen Interessen auch politische Motive dafür sprachen.

Es stand von vornherein fest, daß eine gegenüber der Konkurrenz kostengünstigere Produktion nicht möglich war. Deshalb mußte der Marktzutritt mit einer Strategie erreicht werden, die konzeptionell/technologisch ausgerichtet war. Die Airbus Industrie hat den Weg des konzeptionell/technologischen Vorreiters auch konsequent beschritten. Beispiele dafür sind u.a.:

- Auslegung als zweistrahliges Großraumflugzeug mit zwei Gängen
- Digitales automatisches Landesystem
- Zweimann-Cockpit in einem Großraumflugzeug
- Automatisches digitales Flugsteuerungssystem der zweiten Generation

2.2.6.2 Der zunächst langsame Markterfolg hatte Vor- und Nachteile

Zunächst mußte es als Erfolg angesehen werden, daß die europäische Flugzeugindustrie überhaupt in der Lage war, in länderübergreifender Kooperation ein modernes Düsenverkehrsflugzeug zu entwickeln und zu bauen. In Anbetracht der starken Technologieorientierung bei Unerfahrenheit in "maintenance" und "product support" sowie kommerziellen Ansprüchen nicht genügender Organisations- und Fertigungsstruktur ist die in den siebziger Jahren sehr schleppende Nachfrage nachträglich nicht unbedingt negativ zu beurteilen: Mit wenigen Flugzeugen im Einsatz konnte die Airbus Industrie deren kommerzielle Tauglichkeit nachweisen, Mängel beheben sowie Erfahrungen in "product support" und "maintenance" sammeln. Allerdings vergrößerte sich mit der Dauer der Nachfrageschwäche das Risiko für das Gesamtprojekt, da die Bereitschaft der Partner, in das Projekt zu investieren, nachzulassen drohte.

Inzwischen ist diese schwierige Startphase erfolgreich abgeschlossen: Die Airbus Industrie wird bis Mitte der neunziger Jahre über eine komplette Flugzeugfamilie verfügen. Bestellungen, Verkäufe und Produktionszahlen haben Größenordnungen erreicht, bei denen economies of scale sowie Lernkurveneffekte ähnlich der Konkurrenz genutzt werden können. Auch unter Zugrundelegung der für den zivilen Großflugzeugbau geltenden cash flow-Berechnungen - bei neuen Flugzeugen wird etwa nach 15 Jahren der break even point erreicht - müßte die Airbus Industrie in der Lage sein, zumindest in naher Zukunft rentabel zu produzieren.

2.3 Die preisliche Wettbewerbsfähigkeit ist aufgrund struktureller Defizite noch nicht erreicht

Die Untersuchung hat ergeben, daß der europäische Flugzeugbau technologisch ein gutes Niveau erreicht hat und die Flugzeuge hinsichtlich Qualität und Leistung der Konkurrenz ebenbürtig sind. Letztendlich entscheidend für die Wettbewerbsfähigkeit ist aber die betriebswirtschaftliche Rentabilität. Dazu gehört ein mit der Konkurrenz vergleichbares aktuelles Betriebsergebnis sowie die Fähigkeit, sich auf eventuell verschlechternde Nachfragebedingungen so einstellen zu können, daß Marktanteile nicht verloren gehen und die Existenz des Unternehmens gesichert bleibt. Um festzustellen, ob der europäische zivile Großflugzeugbau die Rentabilitätsschwelle bereits erreicht hat, bieten sich zwei Berechnungsmethoden an: Die Gewinnermittlung kann

- einmal bei der Airbus Industrie selbst erfolgen, wobei die von den Partnern dem Unternehmen in Rechnung gestellten Preise den Verkaufserlösen gegenübergestellt werden;
- zum anderen im Rahmen einer integrierten Berechnung vorgenommen werden, die bei den Partnern anfallende Betriebsergebnisse einbezieht.

Die erste Berechnungsmethode ist sehr unvollkommen, da aufgrund des Quotenverfahrens die Partner nicht immer ihre tatsächlichen Kosten in Rechnung stellen. Die Ertragssituation der Airbus Industrie ist deshalb auch kein absoluter Maßstab zur Ermittlung der Profitabilität des zivilen europäischen Großflugzeugbaus. Zutreffender kann ihre Veränderung zur Beurteilung der preislichen Wettbewerbsfähigkeit im Zeitverlauf herangezogen werden. Für die zweite, integrierte Berechnungsmethode fehlen die notwendigen Informationen. Nach Auskunft der befragten Experten sind selbst den Partnerunternehmen die Kosten der Airbus-Flugzeuge unbekannt.

Bezüglich der gegenwärtigen Situation lassen sich die Aussagen der befragten Gesprächspartner wie folgt zusammenfassen:

- Die Verluste bei der Airbus Industrie konnten in den letzten Jahren verringert werden.
- Die realisierten Verkaufspreise haben sich den kalkulierten genähert.
- Der europäische Großflugzeugbau ist heute preislich noch nicht wettbewerbsfähig, wenngleich sich die Situation verbessert hat.

Der Grund für die ungenügende preisliche Wettbewerbsfähigkeit wurde vor allem in der Struktur des europäischen Großflugzeugbaus gesehen. Auch wenn die Sichtweisen der einzelnen Gesprächspartner diesbezüglich voneinander abwichen und die Rentabilitätsbeurteilungen unterschiedlich ausfielen, so wurde doch deutlich, daß gegenüber der amerikanischen Konkurrenz vor allem strukturelle Nachteile bestehen.
Mit der Airbus Industrie wurde ein Modell gefunden, um in Europa im zivilen Großflugzeugbau überhaupt noch tätig sein zu können. Es unterlag und unterliegt auch noch heute zahlreichen Restriktionen, die sich wettbewerbsvermindernd auswirken. Neben dem industriellen Ziel mußten zahlreiche nationale, teilweise politisch bestimmte Interessen koordiniert werden. Vor diesem Hintergrund war das "Airbusmodell" relativ erfolgreich. Aber es stellt einen Kompromiß dar: Indem die Partner im Rahmen des Quotenmodells Anteilseigner und Produzent zugleich sind, versucht jeder Partner, das Verhältnis seines Produktions- und Kapitalanteils zu optimieren. Dies führt zu einer Optimierung auf der zweiten Ebene, der Ebene der Anteilseigner. Im großen und ganzen arbeitet das gegenwärtige Modell bei der Aushandlung der Produktionsaufteilung nach

dem "beggar my neighbor principle". In Anbetracht der inzwischen erreichten Produktions- und Absatzzahlen ist es dem Unternehmen nicht mehr adäquat.

Solange aber der europäische Großflugzeugbau aufgrund seiner Entscheidungs- und Organisationsstruktur der Konkurrenz unterlegen ist, kann er sich im Preiswettbewerb auf dem Markt nur behaupten, wenn diese Nachteile durch Überlegenheit im Produkt oder der Fertigung kompensiert werden. Dies ist aber nicht der Fall und aufgrund der Marktposition von Boeing auch mittelfristig kaum zu erwarten. Somit muß das Hauptaugenmerk auf eine verbesserte betriebswirtschaftliche Rentabilität gerichtet sein, damit die Gewinnzone möglichst bald erreicht wird. Dabei sollte die gegenwärtige günstige Nachfragesituation genutzt werden.

3 Zur Sicherung der langfristigen Wettbewerbsfähigkeit sind strukturelle Veränderungen dringend notwendig

3.1 Das Szenario für die Luft- und Raumfahrtindustrie ändert sich

Entspannungstendenzen zwischen den beiden großen Machtblöcken werden trotz der gegenwärtigen Irak-Krise Konsequenzen für die Nachfrage nach militärischen Erzeugnissen haben. Zuletzt entfielen noch etwa 55% der gesamten Luft- und Raumfahrtproduktion auf militärische Erzeugnisse. Dieser hohe Anteil sowie die Nachfragekontinuität hat in der Vergangenheit für die Unternehmen der Luft- und Raumfahrtindustrie ertrags- und konjunkturstabilisierend gewirkt. Ein längerfristiger Rückgang der militärischen Nachfrage zwingt die Unternehmen zu einem stärkeren Engagement im zivilen Bereich. Besonders hart betroffen sind Unternehmen mit überdurchschnittlichem Engagement im militärischen Bereich und Unternehmen, die sich stark an den Programmen des zivilen europäischen Großflugzeugbaus beteiligt haben, in diesem Feld aber noch Verluste erwirtschaften. Unternehmen der ersten Kategorie gehören meist der Ausrüstungsindustrie an. Sie werden gezwungen sein, neue Absatzfelder zu suchen und neue Abnehmer zu finden. Es ist sehr wahrscheinlich, daß sie Versuche unternehmen werden, stärker auf dem zivilen Flugzeugmarkt Fuß zu fassen. Unternehmen der zweiten Kategorie dürften dazu eher in der Lage sein, doch ihr Hauptproblem ist die Rentabilität.

Gelingt es nicht, den zivilen Geschäftsbereich profitabler zu gestalten, dann schlagen die Verluste stärker als bisher auf das Betriebsergebnis durch, und erfordern öffentliche Stützungsmaßnahmen. Die angesprochenen Entspannungstendenzen verstärken also den Druck, künftig im zivilen Sektor Gewinne zu erwirtschaften.

3.2 Abhängigkeit von Subventionen sind ein unkalkulierbares Risiko

Die Analyse der Auseinandersetzungen zwischen den USA und Europa führte zu dem Ergebnis, daß der europäische Großflugzeugbau als Marktneuling während der Startphase Nachteile hatte, und auf staatliche Unterstützung angewiesen war. Die amerikanischen Hersteller hatten in einer zeitlich früheren Phase von Projekten des militärischen Transportflugzeugbaus profitiert und sich eine starke Marktposition aufgebaut. Geht die militärische Nachfrage zurück und fehlen auch in den USA die den zivilen Flugzeugbau fördernden Aufträge, dann verliert die europäische Argumentation hinsichtlich der Subventionierung in Amerika zunehmend an Glaubwürdigkeit. Auch wenn der rechnerische Nachweis nicht erbracht werden kann, ob der zivile Flugzeugbau bisher in den USA oder in Europa stärker subventioniert wurde, so sprechen doch zahlreiche Indizien dafür, daß der Newcomer stärker auf öffentliche Hilfen angewiesen war.

Die europäische Flugzeugindustrie muß darauf vorbereitet sein, daß neben Ausfällen im militärischen Bereich auch die Nachfrage nach zivilen Großflugzeugen zurückgehen kann. In Phasen nicht ausgelasteter Kapazitäten verschärft sich der Wettbewerbsdruck und werden erfahrungsgemäß Fragen nach der Effizienz des europäischen zivilen Großflugzeugbaus in einzelnen Airbuspartnerländern neu diskutiert. Die USA könnten in einer solchen Situation - insbesondere vor dem Hintergrund der unbefriedigenden Ertragslage von McDonnell Douglas - die Diskussion über eine wettbewerbsverzerrende europäische Subventionspolitik verschärfen.

Grundsätzlich bedeutet die Abhängigkeit von staatlichen Transfers ein latentes Risiko:

- Einerseits ist die Subventionsgewährung im demokratischen Regierungssystem abhängig von der öffentlichen Akzeptanz.
- Andererseits bedeuten Subventionen Wettbewerbsverzerrungen mit entsprechend negativen Auswirkungen auf die Faktorallokation und die internationale Arbeitsteilung.

Öffentliche Transfers lassen sich am ehesten begründen, wenn den Zahlungen volkswirtschaftliche Erträge gegenüberstehen. Für den zivilen Großflugzeugbau ließen sie sich u.a. anführen, daß

- Europa damit in die Lage versetzt wurde, in einem wichtigen und auch traditionellen Industriezweig tätig sein zu können;
- Europa damit auf wichtigen Technologiefeldern weiterhin präsent ist,
- ohne ein europäische Engagement Amerika eine Monopolstellung gehabt hätte, die sich bei einer entsprechenden Verkaufspolitik auch auf die Wettbewerbsfähigkeit der europäischen Fluggesellschaften auswirken würde,
- über den zivilen Flugzeugbau der militärische rentabler wird und umgekehrt,
- es sich beim zivilen Flugzeugbau um einen überdurchschnittlich wachsenden Industriebereich handelt, mit entsprechenden quantitativen und qualitativen Wirkungen für den Arbeitsmarkt,
- ein Marktzutritt ohne öffentliche Beteiligung nicht zu erreichen war.

Die Airbus Industrie wird mit Produktionsaufnahme des A 330/A 340 über eine komplette und auch relativ moderne Flugzeugfamilie verfügen. Gravierende technische Erneuerungen werden nach Ansicht der befragten Experten zumindest mittelfristig nicht zu erwarten sein. Wenn aber das Schwergewicht bei der Produktion liegt und neue technologische Impulse fehlen, dann dienen Subventionen vor allem der Erhaltung von Arbeitsplätzen in der Produktion. Untersuchungen in der Bundesrepublik Deutschland haben ergeben, daß das Zusammenspiel zwischen militärischem und zivilem Flugzeugbau weit geringer ist als vielfach angenommen. Dies gilt vor allem für die Systemindustrie und dort sowohl für die Forschung und Entwicklung als auch die Produktion. Überschätzt wird vielfach auch die technologische Ausstrahlung der Luftfahrtindustrie auf andere industrielle Bereiche.[40]

Vor dem Hintergrund allgemein nur sehr knapper Haushaltsmittel werden sich die europäischen Herstellerstaaten die Frage stellen müssen, welche Bedeutung sie dem zivilen Großflugzeugbau zukünftig beimessen und in welchem Umfang dafür öffentliche Mittel bereitgestellt werden sollen. Je restriktiver die künftige öffentliche Finanzpolitik in den einzelnen Partnerländern sein wird, desto größer wird der Druck auf die Industrie, international auch preislich wettbewerbsfähig zu sein. Eine Voraussetzung dafür ist aber die Einigung über die künftigen wettbewerblichen Rahmenbedingungen für den internationalen zivilen Großflugzeugbau.

3.3 Die Rahmenbedingungen sind günstig

Wenn der europäische zivile Großflugzeugbau sich zunächst nicht der offenen Konkurrenz stellen konnte, so haben sich inzwischen die Bedingungen grundlegend geändert. Gegenüber der amerikanischen Konkurrenz besteht eindeutig das Dollarkursrisiko. Ferner hat der Marktführer Boeing bei dem Langstreckengroßraumflugzeug 747 eine unangreifbare Monopolstellung. Hinsichtlich des Dollarrisikos ist anzumerken, daß die Lohnkosten der meisten Airbuspartner bei schwachem Dollar kaum höher sind als in den USA und darüber hinaus ein Großteil der Zulieferungen auf Dollarbasis abgerechnet wird. Das Risiko von Kursschwankungen läßt sich versicherungstechnisch abfangen. Zu prüfen ist, ob sich eine Kostenübernahme der Versicherungsprämie durch die öffentliche Hand unter Wettbewerbsaspekten rechtfertigen ließe.

Die verschiedentlich als Vorteil der amerikanischen Industrie angesehenen Möglichkeiten einer Beschäftigungspolitik des "hire and fire" sind nicht stichhaltig, da andere exportorientierte Industrien ohne diese Bedingungen wettbewerbsfähig sind. Grundsätzlich müssen die in den jeweiligen Ländern existierenden Sozialgesetzgebungen von den

---

[40] Vgl.: Kurt Hornschild, Gerhard Neckermann: Die deutsche Luft- und Raumfahrtindustrie.

Unternehmen als Rahmendaten akzeptiert werden. Wie das Beipiel der sehr exportintensiven Industrie der Bundesrepublik Deutschland zeigt, kann die internationale Wettbewerbsfähigkeit trotz hohen Lohnniveaus und umfassender Sozialgesetzgebung erreicht werden. Allerdings erfordert die Erhaltung der Wettbewerbsfähigkeit permanente strukturelle Anpassungen, in Hochlohnländern vor allem in Richtung qualitativ hochwertiger Produktionen. Auch im zivilen europäischen Großflugzeugbau stellt sich mithin die Frage, inwieweit dort Arbeitsteilung diesen strukturellen Anpassungserfordernissen Rechnung trägt.

Auch die Europäische Gemeinschaft sieht in der strukturellen Anpassung das zentrale Wettbewerbsproblem.[41] Sie führt dazu aus: "So wird die Luftfahrtindustrie versuchen müssen, Nutzen aus den den Binnenmarkt begleitenden Maßnahmen zu ziehen, um sich industrielle Strukturen zu verschaffen, die von der Größenordnung her mit denen ihrer Hauptkonkurrenten vergleichbar sind."

3.4 Reorganisationen sind notwendig

Für den zivilen europäischen Großflugzeugbau müssen rasch Rahmenbedingungen geschaffen werden, damit alle Möglichkeiten der betriebswirtschaftlichen Effizienz auch genutzt werden können. Dafür sprechen

- das große Produktionsvolumen, bei dem schon geringfügige prozentuale Kostensenkungen zu beträchtlichen Einsparungen führen,
- die zumindest mittelfristig zugunsten der Produktion abnehmende Bedeutung von Forschung und Entwicklung,
- die Möglichkeit eines sich verschärfenden Wettbewerbs bei konjunkturellen Einbrüchen und/oder bei rückläufiger militärischer Nachfrage.

In der Untersuchung wurde deutlich, daß schon allein aufgrund seiner Organisationsform der zivile europäische Großflugzeugbau gegenüber der amerikanischen Konkurrenz

---

[41] Eine wettbewerbsfähige europäische Luftfahrtindustrie, Mitteilungen der Kommission, 1990, S. 9.

Nachteile aufweist. Erst wenn diese abgebaut sind, entsteht Klarheit über seine tatsächliche preisliche Wettbewerbsfähigkeit.

Das bis heute anhaltende Bestreben nach möglichst umfassender Systemkompetenz in den Partnerländern bedeutet, daß in Europa umfangreiche Doppelforschung betrieben wird. Dies ist aber nur ein Beispiel für ein mögliches Rationalisierungspotential.

Ein weiteres Beispiel ist die Auseinandersetzung um die Endmontage des A 321. Die Debatte wurde zwar unter dem Ziel der ökonomischen Effizienz geführt, sie war aber in starkem Maße von politischen Interessen überlagert. Dadurch wurde der Entscheidungsprozeß unnötig verlängert und ein Ergebnis erzielt, das einen politisch/ökonomischen Kompromiß darstellt. Nach Aussagen verschiedener Repräsentanten der Industrie wäre eine Konzentration der Endmontage an einem Standort ökonomisch effizienter:

- Das dafür aufzuwendende Investitionsvolumen wäre geringer gewesen.
- Die Airbus Industrie habe sich zum Teil der Möglichkeit beraubt, auf strukturelle Veränderungen der Nachfrage unter Aufrechterhaltung des Beschäftigungsniveaus flexibel reagieren zu können. Größere Nachfrageschwankungen bei dem A 321 können in Hamburg nicht über ein Ausweichen auf die Endmontage anderer Flugzeugtypen kompensiert werden.

Dies sind Beispiele für Rationalisierungsreserven im europäischen zivilen Großflugzeugbau. Der übliche Weg, diese auszuloten, beginnt in der Regel bei der Überprüfung der Kosten. Nach Auskunft von Repräsentanten der Industrie verkauft die Airbus Industrie die Flugzeuge zu Preisen, die der Markt hergibt, ohne die Herstellungskosten zu kennen. Sie orientiert sich bei der Gestaltung des Angebots an dem Preisniveau der Konkurrenz und den eigenen Kapazitäts- und Liefermöglichkeiten. Unter diesen Bedingungen ist der Markterfolg vor allem von der technisch/qualitativen Wettbewerbsfähigkeit der Flugzeuge abhängig. Gegenwärtig nicht beantwortet werden kann z.B. die Frage, ob die Flugzeuge so konzipiert sind, daß sie preislich wettbewerbsfähig sein können. Das heißt auch, daß nicht beantwortet werden kann, inwieweit die verwendeten Technologien und Materialien eine entsprechend kostengünstige Fertigung überhaupt zulassen.

Obwohl auf dem Markt große Markttransparenz und ein hoher Wettbewerbsdruck herrscht und auch beträchtliche Umsätze erzielt werden, leistet sich Europa ein Organisationssystem mit erheblichen Spielräumen für Kostensenkungen. Gegenwärtig ist schon allein aufgrund unterbrochener Entscheidungswege eine betriebswirtschaftliche Optimierung nicht möglich. Solange aber die Rationalisierungspotentiale nicht ausgeschöpft sind, ist zu befürchten, daß die Airbus Industrie gegenüber den amerikanischen Konkurrenten unterlegen bleibt.

Gegenwärtig werden verschiedene Modelle zur Neustrukturierung des zivilen europäischen Großflugzeugbaus diskutiert. Die meisten der befragten Personen stimmten darin überein, daß die Airbus Industrie selbst mehr Entscheidungskompetenz benötigt. Dabei gehen die Veränderungswünsche teilweise weit über die Vorstellungen der vier Weisen hinaus. Ein Schritt auf diesem Weg ist die Umgründung der Airbus Industrie in eine Kapitalgesellschaft. Damit einhergehen müssen die Reorganisation der Kompetenzverteilung sowie der Entscheidungs- und Produktionsstrukturen. Von relativ untergeordneter Bedeutung ist die Frage nach dem Eigentümer. Dies werde - so einige der befragten Experten - teilweise übersehen. Eigentümer können sowohl natürliche als auch private Rechtspersonen sowie die Regierungen von Staaten sein. Die Strukturveränderung der Airbus Industrie ist deshalb auch keine Frage der Privatisierung, sondern der betriebswirtschaftlichen Effizienz.

Soll der zivile europäische Großflugzeugbau künftig stärker an ökonomischen Effizienzkriterien ausgerichtet werden, dann sind vor allem zwei Aspekte zu berücksichtigen: Einmal müssen die tatsächlichen Entwicklungs- und Produktionskosten bekannt sein, zum anderen muß eine Organisationsform geschaffen werden, in der mögliche Rationalisierungseffekte und Kostenersparnisse auch tatsächlich realisiert werden können. Die bislang für solche Konzepte in Europa fehlenden formalen Voraussetzungen werden jetzt mit dem Gesetzentwurf für europäische Aktiengesellschaften von der Europäischen Gemeinschaft geschaffen.

Im Rahmen dieser Untersuchung kann zwar kein geschlossenes Modell für eine wettbewerbsfähige zivile europäische Luftfahrtindustrie erarbeitet werden, doch soll auf strukturelle Mängel und Lösungsmöglichkeiten hingewiesen werden.

Die befragten Experten waren sich darin einig, daß eine Optimierung des gesamten europäischen zivilen Großflugzeugbaus an den Organisationsstrukturen der amerikanischen Konkurrenz und hier insbesondere an Boeing auszurichten sei. Zumindest dürfe die europäische Industrie aus organisatorischen Gründen gegenüber Amerika nicht benachteiligt bleiben. Allerdings sei zur Erreichung dieses Ziels ein längerer Anpassungsprozeß erforderlich.

Als die gegenwärtig wichtigsten Hemmnisse angesehen werden

- die mangelnde Entscheidungskompetenz der Airbus Industrie und
- das Quotenmodell.

Im jetzigen europäischen zivilen Großflugzeugbau fehlen den Beteiligten die zur Optimierung des Gesamtprojekts notwendigen Informationen. Es liegt auf der Hand, daß die Partner davon je nach Aufgabenfeld unterschiedllich betroffen sind. So bleibt der Flügel nach seiner Entwicklung während des gesamten Lebenszyklus des Flugzeugs praktisch unverändert, während andere Bereiche wie z.B. die Innenausstattung oder die Endmontage in weit stärkerem Maße Anpassungsprozessen unterworfen sind, die aus speziellen Vereinbarungen mit Kunden oder technischen Neuerungen resultieren.

Das zentrale Hemmnis dürfte aber das Quotenverfahren sein. Indem der Kapitalanteil gleichzeitig einen entsprechenden Produktionsanteil garantiert, versuchen die Partner - unabhängig von dem gemeinsamen Unternehmensziel - den für sie günstigsten Anteil auszuhandeln. Dies führt zu einem doppelt negativen Effekt: Einmal leidet darunter die Zusammenarbeit, da jeder Partner versuchen wird, seine tatsächliche Kostensituation möglichst geheim zu halten. Zum anderen beraubt das Quotenmodell die Airbus Industrie der Möglichkeit, von der internationalen Arbeitsteilung in dem Umfang Gebrauch zu machen, wie dies unter rein betriebswirtschaftlichen Effizienzgesichtspunkten notwendig wäre. Dies gilt besonders in einer Situation, in der Ausrüster wegen

Nachfrageausfällen im militärischen Bereich Absatzfelder im zivilen Flugzeugbau suchen. Eine scharf kalkulierende Systemindustrie wird die Wettbewerbsintensität im Zulieferbereich zur Kostenreduzierung nutzen. In Europa kann dies zwar jeder Partner innerhalb seiner Quote tun. Eine Politik, in der die gesamte Fertigung im Rahmen internationaler Strukturveränderungen optimiert wird, ist mit dem gegenwärtigen "Airbusmodell" aber nicht möglich.

Einig waren sich die befragten Repräsentanten von Unternehmen der Systemindustrie, daß - wie in anderen Industrien auch - zur Erreichung der ökonomischen Effizienz eine Konzeption anzustreben ist, in der die eigene Kapitalbindung gering ist und die Wertschöpfung weitgehend auf den Zulieferbereich verlagert wird. So könne das eigene Risiko gesenkt und der internationale Wettbewerb genutzt werden.

So sprechen auch amerikanische Untersuchungen zur Luft- und Raumfahrtindustrie von einer zunehmenden Internationalisierung dieser Branche. Der europäische zivile Großflugzeugbau wird sich - vielleicht schneller als verschiedentlich angenommen - dieser Herausforderung zu stellen haben.

3.5 Reorganisationsmodelle

In der Branche besteht weitgehend Einigkeit darüber, daß strukturelle Veränderungen im zivilen europäischen Großflugzeugbau notwendig sind, doch die Unterschiede hinsichtlich Dringlichkeit sowie Art und Umfang sind groß. In Zusammenhang mit einer umfassenden Neustrukturierung des europäischen zivilen Großflugzeugbaus werden vor allem zwei Modelle diskutiert:

- Einheitsunternehmen mit Betriebsteilen

  Die Verfolgung dieses Modells würde die umfangreichsten strukturellen Veränderungen erforderlich machen. Die Partnerunternehmen geben hier ihre rechtliche Selbständigkeit auf. Mit der Verwirklichung dieses Modells würden die Strukturen den amerikanischen entsprechen. Ein Vorteil dieser Zentralisierung ergäbe sich schon allein aus dem zentralen Einkauf.

- Unternehmen mit selbständigen Töchtern

  Dieses Modell hat nach Ansicht der Experten eher Aussicht auf Verwirklichung, da es den Regierungen der Partnerländer noch Möglichkeiten zur Gestaltung gibt. So könnten Zuwendungen der öffentlichen Hand an nationale Rechtspersonen vergeben werden. Allerdings ist auch hier das Quotensystem aufzugeben. Bei Entscheidungen über Fertigungstiefe und Wahl der Zulieferer hat sich die Muttergesellschaft allein an betriebswirtschaftlichen Effizienzkriterien zu orientieren.

4 Eine stärker wettbewerblich orienierte Struktur des zivilen europäischen Flugzeugbaus erfordert umfassende Veränderungen der gesamten Luft-und Raumfahrtindustrie

Eine wettbewerbsorientierte Neustrukturierung des zivilen europäischen Großflugzeugbaus bedeutet für die betroffenen europäischen Länder und Unternehmen gravierende Änderungen in den Rahmenbedingungen für eine nationale Industriepolitik im Bereich Luft- und Raumfahrt. Erhält die Airbus Industrie die Zuständigkeit für Forschung und Entwicklung sowie die unabhängige Entscheidungskompetenz über Produktprogramm und Auftragsvergabe an Zulieferanten, dann verlieren die Airbus-Partnerunternehmen zentrale Funktionsbereiche. Dies hätte u.a. zur Folge:

- Das Bestreben der Partnerunternehmen, sich im zivilen Großflugzeugbau die möglichst umfassende Systemkompetenz zu erhalten, müßte aufgegeben werden. Stattdessen ist zu definieren, welche Flugzeuge künftig außerhalb der Airbus Industrie produziert werden dürfen. Es ist naheliegend, daß es sich hierbei vorwiegend um Flugzeuge mit weniger als 100 Sitzplätzen und Commuterflugzeuge handeln dürfte. Unter dem Blickwinkel der angestrebten ökonomischen Effizienz sollte es sich dabei möglichst um Flugzeuge handeln, die sich hinsichtlich der Anforderungen von Forschung und Entwicklung und Produktion von den künftig nur im Rahmen der Airbus Industrie zu fertigenden Flugzeuge weitgehend unterscheiden.

- Die Aufgabe bestimmter FuE-Kapazitäten bzw. deren Übertragung auf die Airbus Industrie hätte Folgen für das bislang - teilweise durch die öffentliche Hand geförderte - praktizierte Wechselspiel zwischen ziviler Forschung und der in den Bereichen Raumfahrt und militärischer Luftfahrt betriebenen Forschung. Das gleiche gilt für die Produktion, die künftig stärker als bisher - zumindest was den zivilen Großflugzeugbau anbelangt - von den übrigen Bereichen Raumfahrt und militärischem Flugzeugbau zu separieren wäre.

Diese Überlegungen verdeutlichen zweierlei:

- Eine strukturelle Neuordnung des zivilen europäischen Großflugzeugbaus wird nur möglich sein, wenn die europäischen Regierungen ihre nationalen Interessen zugunsten einer europäischen Industrie noch stärker als bisher zurückstellen.
- Das Herauslösen von FuE- und Produktionskapazitäten aus dem nationalen Kompetenzbereich erfordert eine Neuordnung der verbleibenden Restbereiche.

Die vorliegende Studie beschränkte sich auf die Analyse des zivilen europäischen Großflugzeugbaus und hier vor allem auf die "airframe industry". Ausgeklammert worden ist im zivilen Bereich der Triebwerkbau sowie der Hubschrauber- und Regionalflugzeugbau.

Für eine tiefergehende Analyse, welche Konsequenzen die Neuordnung des zivilen europäischen Großflugzeugbaus für die gesamte europäische Luft- und Raumfahrtindustrie hätte, fehlen darüber hinaus die Bereiche militärische Luftfahrtindustrie, Raumfahrt- und Ausrüstungsindustrie. Ein dazu tauglicher Untersuchungsansatz wären miteinander kompatible Studien zur Luft- und Raumfahrtindustrie in den einzelnen europäischen Ländern, ergänzt um die USA und Japan.

Auf der Basis der vorliegenden Untersuchungsergebnisse und Überlegungen zeichnen sich aber folgende Tendenzen ab:

- Die Neuordnung des zivilen Großflugzeugbaus wird wahrscheinlich auch in den übrigen Bereichen der europäischen Luft- und Raumfahrtindustrie zu neuen Formen der Zusammenarbeit führen, wobei nicht zuletzt aus Gründen der ökonomischen Effizienz nationale Interessen zugunsten einer europäischen Kooperation aufgegeben werden.

- Im zivilen Großflugzeugbau wird die internationale Arbeitsteilung an Bedeutung gewinnen. Wenn die Airbus Industrie Kompetenz für die Bereiche Forschung und Entwicklung, Produktion, Einkauf und Verkauf sowie Kundenbetreuung erhält und das Quotenmodell aufgegeben wird, dann bestehen für dieses Unternehmen praktisch die gleichen Rahmenbedingungen wie für die amerikanischen Hersteller. Um die Kosten und die eigene Kapitalbindung sowie das konjunkturelle Risiko möglichst gering zu halten, wird auch die Airbus Industrie künftig stärker den internationalen Zuliefermarkt nutzen. Damit stellt sich automatisch die Frage nach der Konkurrenzfähigkeit der europäischen Ausrüstungs- und Zulieferindustrie.
- In den Verkehrsflugzeugen nimmt der Wertanteil der Ausrüstung und der Avionik zu. Schon von daher sollte der Avionik- und Ausrüstungsindustrie besondere Aufmerksamkeit gewidmet werden. Für die europäische Ausrüstungsindustrie haben sich erst mit den Markterfolgen der Airbus Industrie im zivilen Bereich Geschäftsfelder eröffnet, die auch unter Langfristaspekten interessant sind. Demgegenüber konnte sich in den USA schon viel früher eine solche Industrie etablieren.

In Zusammenhang mit der Wettbewerbsfähigkeit der europäischen Ausrüstungsindustrie sind relevante Fragen:

- Umstellungsmöglichkeiten von militärischer auf zivile Nachfrage,
- Technologische Kompetenz,
- Unternehmensgröße und economies of scale
- europäische Kooperation

5 Aufgaben der Europäischen Gemeinschaft

In ihrem Papier zur Wettbewerbsfähigkeit der europäischen Luftfahrtindustrie führt die EG im Zusammenhang mit dem europäischen Binnenmarkt neben einer aktiven FuE-

Politik und einer strengen Handhabung der staatlichen Beihilfen fünf Aufgabenfelder der Gemeinschaft an:

- Gesellschaftsrecht und Besteuerung;
- Überwachung der Zusammenschlüsse;
- Normung und Zertifizierung;
- Kreditversicherungen;
- Transeuropäische Infrastrukturnetzwerke.

Auf die Notwendigkeit eines Rechtsrahmens für europäische Aktiengesellschaften wurde in der vorliegenden Untersuchung hingewiesen. Die Abschaffung von Doppelbesteuerungen wird die europäische Zusammenarbeit zusätzlich erleichtern.

Hinsichtlich der Beurteilungskriterien für Zusammenschlüsse weist die EG zu Recht auf die Besonderheiten der Luft- und Raumfahrtindustrie hin wie

- den internationalen Charakter ihres Marktes, d.h. die nationalen Märkte sind generell zu eng, um Unternehmen vom Format der großen europäischen Unternehmen eine Entwicklung zu ermöglichen;
- den Umfang der industriellen Operationen, durch den keine europäische Gesellschaft die für eine industrielle und wirtschaftliche Behandlung eines Gesamtprogramms erforderlichen Technologien und Produktionsmittel beherrscht;
- den Mittelbedarf, der in dem Ausmaß ansteigt, daß kein Marktteilnehmer mehr in der Lage ist, allein den Gesamtbedarf abzudecken;
- die sehr starke Integration der Hauptkonkurrenten der europäischen Industrie.

Zu begrüßen sind auch die Bestrebungen, die Normen und Zertifizierungen im Bereich der europäischen Luftfahrtindustrie zu harmonisieren. Damit dürfte nicht nur die Zusammenarbeit in Europa erleichtert, sondern auch die Verhandlungsbasis mit den USA in solchen Fragen verbessert werden.

Eine fehlende europäische Exportkreditversicherung wurde auch von einigen im Rahmen der vorliegenden Untersuchung befragten Repräsentanten der Industrie als Wettbewerbsnachteil angesehen. Allerdings wurde dieser als nicht gravierend angesehen. Zur

Verbesserung des Luftverkehrs unbedingt notwendig ist die Harmonisierung im Bereich des "Aircraft Control-Systems". Dadurch werden nicht nur die Kapazitäten des europäischen Luftraums vergrößert, sondern können erhebliche Kosteneinsparungen erzielt werden.

Dem Bereich Forschung und Entwicklung widmet die EG in ihrem Papier besondere Aufmerksamkeit. Sie sucht ihr Ziel vor allem darin, innerhalb der Gemeinschaft die Zusammenarbeit der Industrie im technologischen Bereich zu fördern. Als Vorteile einer intensiveren Kooperation wurden angesehen:

- Aufrechterhaltung einer dem neuesten Kenntnisstand entsprechenden technologischen Grundlage;
- effiziente Nutzung der materiellen und humanen Ressourcen;
- Förderung einer noch engeren Koordinierung/Zusammenarbeit zwischen den Unternehmen auf den späteren Entwicklungsstufen;
- Schaffung eines Mechanismus für ein aufeinander abgestimmtes Vorgehen in Fragen der pränormativen Forschung;
- Schaffung eines gemeinsamen Rahmens für die Behandlung von Forschungsfragen beispielsweise in Bereichen, die umweltpolitisch oder sozialpolitisch von Interesse sind.

In dem im März 1989 beschlossenen Forschungsprogramm BRITE/EURAM - es hat eine Laufzeit von 1989 bis 1992 - wird auch die Luftfahrtindustrie gefördert. Ein Ergebnis der vorliegenden Untersuchung war, daß mit der Luftfahrtindustrie die europäischen Staaten auch im zivilen Bereich lange Zeit neben ökonomischen auch politische Ziele verfolgten. Solange dies der Fall war, konnte ein solches Technologieprogramm wie es in BRITE/EURAM konzipiert ist, kaum Aussicht auf Erfolg versprechen. Mit der stärkeren Ausrichtung des zivilen europäischen Flugzeugbaus auf ökonomische Effizienz gewinnt das Programm an Bedeutung. Eine Bewertung des BRITE/EURAM-Subprogramms Aeronautics steht noch aus. Es wäre sehr erfolgreich, wenn es dazu beitragen würde, daß

- die Zusammenarbeit zwischen Systemindustrie und Zulieferindustrie über die Grenzen hinweg intensiviert wird;

- die europäische Ausrüstungsindustrie in ihrer technologischen Wettbewerbsfähigkeit gestärkt wird und dadurch besser für den internationalen Wettbewerb gerüstet ist;
- auch Länder mit bislang nur geringen Aktivitäten in den Bereichen Luft- und Raumfahrt sich hier stärker engagieren und dabei gleichzeitig Wissen in high-tech-Bereichen aneignen.

6 Schlußbemerkung

Der zivile europäische Großflugzeugbau steht an einer Wegkreuzung. Die Airbus Industrie war als Marktneuling schon allein aufgrund der "learning curve-Effekte" sowie mangelnder Erfahrungen in product support und maintenance gegenüber der amerikanischen Konkurrenz benachteiligt. Dies gilt heute nicht mehr. Durch die bald komplettierte Angebotspalette sowie die jetzt erreichten Produktions- und Verkaufszahlen findet die Airbus Industrie - vielleicht mit Ausnahme des Wechselkursrisikos - Bedingungen vor, aus denen sich gravierende Wettbewerbsnachteile kaum noch ableiten lassen. Wenn die USA und Europa sich darauf verständigen könnten, daß auf der Basis der gegenwärtigen Situation die Rahmenbedingungen, in denen der Wettbewerb im zivilen Flugzeugbau künftig stattfinden soll, zu definieren sind, dann wäre eine wichtige Voraussetzung für einen vom Markt geregelten Wettbewerb gegeben. Eine solche Vereinbarung setzt voraus, daß der zivile europäische Flugzeugbau neben den marktlichen Gegebenheiten auch über eine betriebswirtschaftlich effiziente Organisations- und Produktionsstruktur verfügt, die es ihm ermöglicht, Kostenspielräume ebenso auszuschöpfen wie die amerikanische Konkurrenz. Dazu gehören Kostentransparenz und eine umfassende Verlagerung der Entscheidungskompetenz von der Ebene der Partnerunternehmen auf die Airbus Industrie. Darüber hinaus muß das Quotenmodell zugunsten einer stärkeren Nutzung des internationalen Wettbewerbs aufgegeben werden.

Eine solche wettbewerbliche Ausrichtung des zivilen europäischen Großflugzeugbaus stellt neue Anforderungen an die europäische Ausrüstungsindustrie und wird auch zu Strukturveränderungen in der gesamten europäischen Luft- und Raumfahrtindustrie führen. Vordringliche Aufgabe der Europäischen Gemeinschaft wird es sein, die für den Umstrukturierungsprozeß notwendigen rechtlichen Voraussetzungen zu schaffen und den Prozeß über eine zielgerichtete Politik zu unterstützen. In diesem Zusammenhang zu nennen sind Harmonisierungen bei Normung und Zertifizierung, Lösung der Subventionsproblematik zwischen Europa und den USA (GATT) sowie die zielgerichtete Förderung einer technologisch wettbewerbsfähigen Ausrüstungsindustrie.

VII LITERATURVERZEICHNIS

AEROSPACE INDUSTRY SECTOR ADVISORY COMMITTEE (ISAC 24):
The Agreement on Trade in Civil Aircraft, March 13, 1980.

AEROSPACE INDUSTRIES ASSOCIATION OF AMERICA, INC. (AIA):
Maintaining a strong federal aviation Administration, September 1989.
Technology Readiness, 1989.
Does The United States Support its Commercial Transport Manufacturers Like Europe Supports Airbus? 1985.
The Importance of Derivative Airplane Programms - Research Report, October 1977.
The U.S. Aerospace Industry and the Trend Toward Internationalization, March 1988.
Key Technologies for the 1990s - A Report of the Aerospace Technical Council of AIA, November 1987.
The Challenge of Foreign Competition, December 1981.
Solving the U.S. Trade Problem: Protectionism or Competitiveness?
European Trade Practices.
Does The United States Support Its Commercial Transport Manufacturers Like Europe Support Airbus?

AIRBUS INDUSTRIE:
Airbus '89, 1989.
Forecasting traffic and capacity growth in Europe, September 1989.
Aircraft size requirements 1988-2000, April 1989.
Market perspectives for civil jet aircraft, March 1990.
Macro-Economic Implications, March 1983.
Market distortion and Government support of Airbus Industrie, 1988.
Order and Delivery Review, August 1989.

ALBRECHT, R.R.:
Air Transport World, July 1987.

ALLGEIER, H.J.:
Die zukünftige Entwicklung der deutschen und europäsichen Luftfahrt.

ALLGEMEINES ZOLL UND HANDELSABKOMMEN (GATT):
Übereinkommen über den Handel mit Zivil-Luftfahrzeugen. GATT-Dokument GLI/273, 13.8.1979.

ASSOCIATION EUROPEENNE DES CONSTRUCTEURS DE MATERIEL AERSPATIALE (AECMA):
Panorama of EC Industry 1990, Aerospace Industry, Juni 1989.

AVIATION DAILY:
U.S. Statement on Indirect Government Support to Aerospace Industry.

BACHER, T.J.:
International Collaboration on Commercial Airplane Programs, Tokyo March 29, 1983.
The Economics of the Civil Aircraft Industry, Singapore, September 24-25, 1981.

BAIN, J:
Barriers to New Competition. Cambridge, Mass.: Havard University Press, 1965.

BENICHOU, J., EMILIO GONZALEZ GARCIA, PETER PFEIFFER, SIR JEFFREY STERLING:
A Report on the Airbus System, April 1988.

BOEING:
International Trade Aspekts of Commercial Aircraft Programs.

BOEING:
Current Market Outlook - World Travel Market Demand and Airplane Supply Requirements, February 1990.
The Magnitude of European Manufacturing Subsidies in Support of Airbus Industrie, July 1982.
Commercial Jet Transports and U.S. Exports, June 1979.
International Competition in the Production and Marketing of Commercial Aircraft, March 1982.
Setting the Record Straight.
The Economics of the Commercial Aircraft Industry, February 1984.

BORCHERT, M. GROSSEKETTLER, H.:
Preis- und Wettbewerbstheorie. Verlag W. Kohlhammer, Stuttgart, Berlin, Köln Mainz.

BROWN, A.:
International Competition in the Commercial Jet Industry - the Airbus Industrie Riposte, January 1988.

BROWN, A.:
International Collaboration in the Aerospace Industry - Collaboration in Civil Airliner Manufacture. In: Commercial Aviation and Aerospace, Paris 6. und 7. Juni 1989.

CHAMBERLIN, E.H.:
The Theory of Monopolistic Compensation, Cambridge (Mass).

CLARKSON, L.W.:
Market Outlook: Growth, Internationalization, Product Strategy. In: DGLR-Jahrbuch 1989.

COOPERS AND LYBRANDS:
The Airbus Enterprise, A Review of the Public Record, March 1988.

DEYSSON, CH.:
Neuer Startversuch. In: Wirtschaftswoche Nr. 31, 27. Juli 1990.

DIDSZUHN, W.:
The Single European Act and Its Impacts on Airworthiness & Certification, Aircraft Safety, Economic Considerations, Sola Conference 1990.

DIXON, H.:
Cournot and Bertrand equilibria with homogeneous products. In: Economics of Industrial Organization. Longman Verlag London and New York.

EUROCONSULT:
Competitiveness of the European Civilian Aircraft Manufacturing Industry. - Comperison with the United-States and Japan Situation and Prospects to 2000., Executive Summary, April 1989.

EUROMART STUDY REPORT:
Executive Summary, April 1988.

EUROPÄISCHE KOMMISSION:
Eine wettbewerbsfähige europäische Luftfahrtindustrie. In: Mitteilung der Kommission, 1990.

EUROSTAF DATA:
L'industrie aéronautique et spatiale mondiale. Januar 1989.

FINANCIAL TIMES CONFERENCES (Hrsg.):
Commercial Aviation and Aerospace - Towards the Year 2000, Paris 6&7 June 1989.

FLOSDORF, H:
Airbus: The success of cooperative ventures. In: European Affairs.

FLOSDORFF, H.:
Airbus Industrie - Achievements, Status and Perspectives. In: DGLR-Jahrbuch 1989.

GROUPEMENT DES INDUSTRIES FRANCAISES AERONAUTIQUES ET SPATIALES (GIFAS):
L'Industrie Aéronautique et Spatiale Francaise, Rapport 1988-1989, Juli 1989.

HARBRIDGE HOUSE, INC.:
Government Support of the Commercial Aircraft Industry, April 1984.

HORNSCHILD, K., NECKERMANN, G.:
Die deutsche Luft- und Raumfahrtindustrie. Campus Verlag Frankfurt/New York 1988.

INDEPENDENT EUROPEAN PROGRAMME GROUP (IEPG):
Towards an Stronger Europe, Volume 1, December 1986.

INSEAD:
A Note on the European Aeronautics Industry, 1977.

INSTITUT DER DEUTSCHEN WIRTSCHAFT:
Informationsdienst des Instituts der Deutschen Wirtschaft, Nr. 18, 23, 34, 48; 1989.

KARWEGER, A.:
Kooperation der europäischen Luftfahrtindustrie bei der Entwicklung des Airbus.

KLEPPER, G.:
Industrial Policy in the Transport Aircraft Industry. In: Kieler Arbeitspapiere, Nr. 399, November 1989.

KOMMISSION DER EUROPÄISCHEN GEMEINSCHAFTEN:
Mitteilung der Kommission an den Rat und an das Europäische Parlament über ein strategisches Forschungs- und Technologie-Programm im Bereich der Luftfahrt, Pilotphase (1989-1990), Juli 1988.
Mitteilung der Kommission: betreffend ein Programm für strategische Maßnahmen zugunsten der europäischen Luftfahrtforschung und -technologie, Juni 1988.
Mitteilung der Kommission: Eine Wettbewerbsfähige Europäische Luftfahrtindustrie, 1990.

KOORDINATOR FÜR DIE DEUTSCHE LUFT- UND RAUMFAHRT:
Die Konkurrenzsituation der deutschen Luft- und Raumfahrtindustrie im internationalen Vergleich, 1990.

LYONS, B.:
Barriers to entry. In: Economics of Industrial Organization. Longman Verlag London and New York.

MBB:
Press Release, 1989.
World Market Forecast 1989-2008. Commercial Aircraft for Regional and Trunk Markets, 1989.

MCDONNELL DOUGLAS:
Outlook for Commercial Aircraft 1988-2002, February 1989.

MORRISSEY, G.R.:
Airline Cost Trends as Viewed by an Airframe Manufacturer. In: Douglas Paper 7308, 1983.

MOXON, R.W., THOMAS W. ROEHL, J. FREDERICK TRUITT:
Emerging Sources of Foreign Competition in the Commercial Aircraft Manufacturing Industry, Seattle, Washington, June 1985.

O'LONE, R.G.:
Boeing Increases Long-Range Market Estimate by $110 Billion. In: Aviation Week & Space Technology, March 5, 1990.

SCHRADER, K.:
Einzelwirtschaftliche Wirkungen von Rüstungs- und Raumfahrtausgaben in den Vereinigten Staaten - Eine Literaturanalyse. In: Kieler Arbeitspapiere, Nr. 381, Institut für Weltwirtschaft an der Universität Kiel, Juli 1989.

SIMMONS, H.T. (AIA):
The U.S. Private, Business and Light Transport Aircraft Industry, Washington, October 1984.

STEINER, J.E.:
How Decisions are Made, August 24, 1982.

TRIOLE, J.:
Entry, Accommodation, and Exit. In: The Theory of Industrial Organization. The MIT Press, Cambridge, Massachusetts.

VIEHÖVER, U.:
David gegen Goliath. In: Wirtschaftswoche Nr. 48, 24.11.1989.

FSC
www.fsc.org
MIX
Papier | Fördert gute Waldnutzung
FSC® C083411

Zeitfracht Medien GmbH
Ferdinand-Jühlke-Straße 7
99095 Erfurt, Deutschland
produktsicherheit@kolibri360.de

Druck:
CPI Druckdienstleistungen GmbH
im Auftrag der
Zeitfracht Medien GmbH
Ein Unternehmen der Zeitfracht - Gruppe
Ferdinand-Jühlke-Str. 7
99095 Erfurt